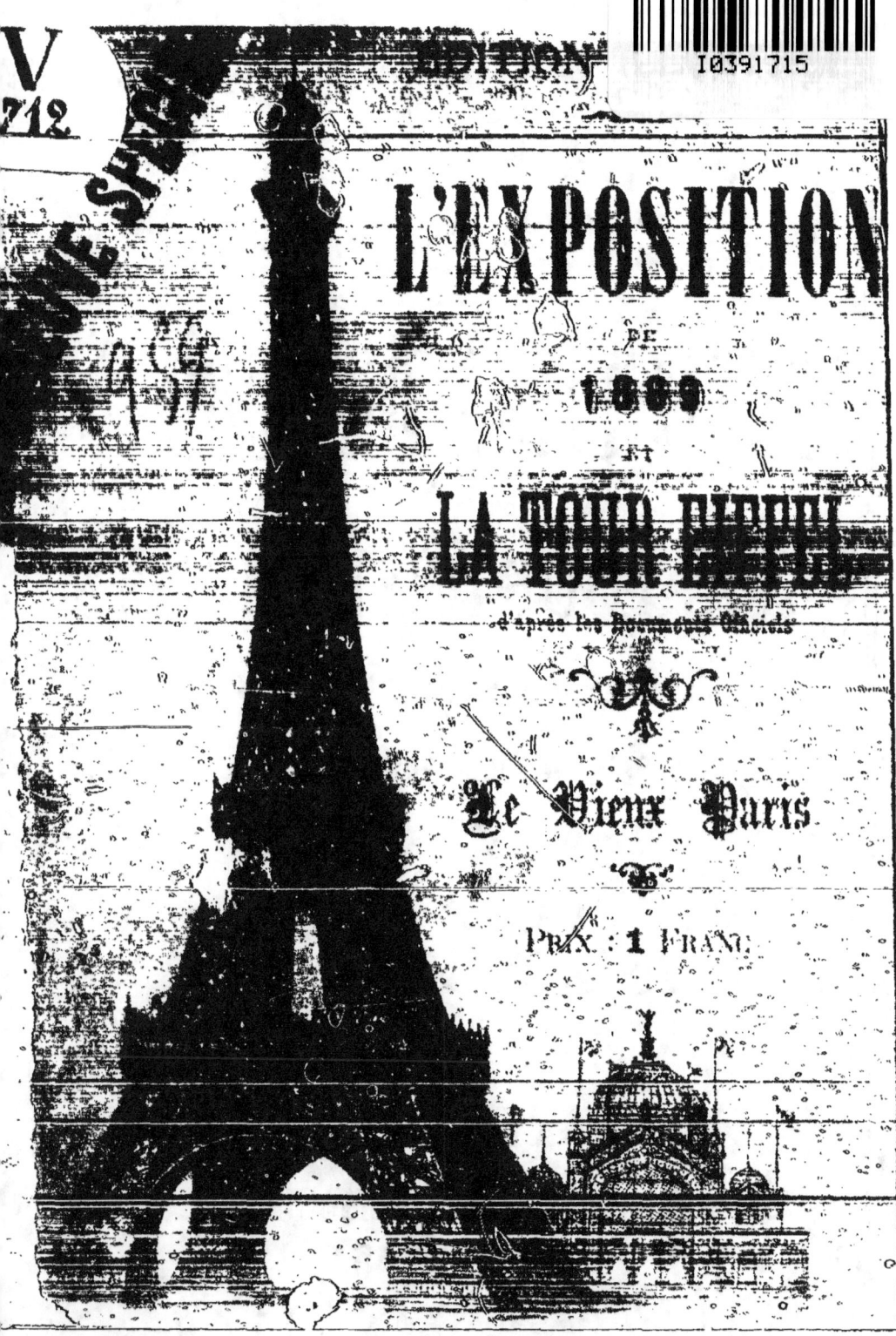

L'EXPOSITION

DE

1889

ET

LA TOUR EIFFEL

d'après les Documents Officiels

Le Vieux Paris

PRIX : 1 FRANC

EDITION ILLUSTRÉE

L'EXPOSITION DE 1889

ET

LA TOUR EIFFEL

D'après les Documents Officiels

PAR UN INGÉNIEUR

PARIS

—

GOMBAULT & SINGIER, ÉDITEURS

13, Rue Vivienne, 13

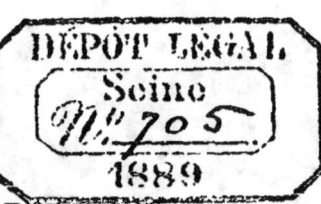

A *Messieurs*

Les DIRECTEURS, INGÉNIEURS *et* ARCHITECTES *de l'Exposition Universelle de 1889*

Et à leurs nombreux Collaborateurs, les OUVRIERS, *dont le zèle infatigable et le travail intelligent ont rendu possible en si peu de temps l'édification de tant de merveilles,*

L'hommage respectueux et l'admiration sincère des Éditeurs

GOMBAULT & SINGIER.

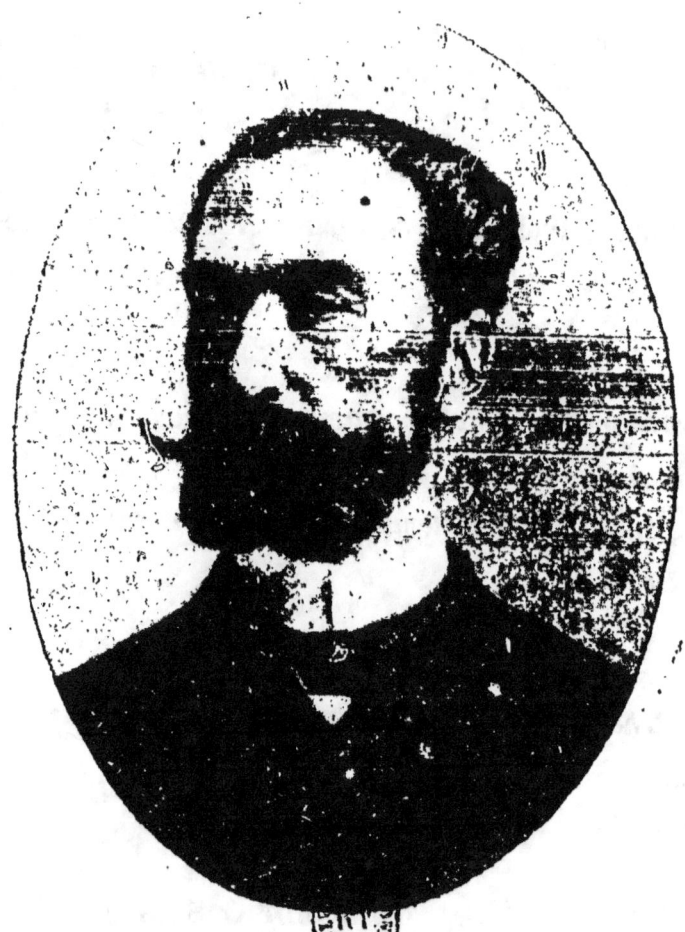

M. CARNOT

PRÉSIDENT DE LA RÉPUBLIQUE FRANÇAISE

PRÉFACE

La France a convié le Monde à sa grande Exposition de 1889 et de tous les points du globe sa grande voix a été entendue. Dans tous les pays les exposants se préparent et les visiteurs font leur bourse pour venir admirer les produits du Commerce et de l'Industrie du Monde entier. Nous avons pensé qu'il leur serait utile de leur offrir un Guide succinct et une description sommaire, ornée de gravures, des merveilles que le Champ de Mars et ses annexes offriront à leur admiration. Nous avons donc réuni en un volume tous les renseignements si intéressants sur les conceptions phénoménales de notre grande Exposition de l'Année 1889, conceptions que l'on disait irréalisables et qui, aujourd'hui, se traduisent en une forêt de fer.

A tout seigneur tout honneur. Nous visiterons d'abord la Tour Eiffel, puis le Palais des Beaux-Arts, la Grande Rotonde, le Palais des Expositions diverses, la Grande Galerie des Machines et nous terminerons par l'Exposition des Colonies sur l'Esplanade des Invalides.

Entrées a l'Exposition de 1889

Le Règlement des Entrées. — Pas d'Entrées gratuites. Les Billets et les Cartes.

Le *Journal Officiel* a publié le règlement des entrées à l'Exposition de 1889, signé par les Ministres des Finances et du Commerce et de l'Industrie. Ce volumineux document, qui décide en premier lieu, qu'aucune entrée gratuite ne sera délivrée en dehors des cartes exclusivement personnelles, distribuées aux exposants et au personnel, établit que la perception des droits d'entrée sera effectuée par le caissier-payeur central du Trésor, avec un personnel de contrôleurs et de sous-contrôleurs nommés par le Ministre des finances. L'article 3 de ce règlement fixe ces droits d'entrée. Les voici :

Les Droits d'Entrée

ENTRÉES DU JOUR :

Un franc par personne, aux heures d'entrée générale ;

Deux francs par personne, aux heures affectées aux études.

ENTRÉES DU SOIR :

Deux francs par personne, pendant la semaine ;

Un franc par personne, le dimanche.

Le droit à percevoir pour les fêtes du soir sera réglé par des décisions spéciales.

CARTES D'ABONNEMENTS :

Cent francs par personne, pour toute la durée de l'Exposition ;

Vingt-six francs par personne, pour les cartes d'abonnement délivrées aux Membres des Commissions et Comités de l'Exposition.

Vente des Billets.

La vente des billets d'entrée sera obligatoire à Paris, dans les bureaux de tabac, de poste et de télégraphe. Les personnes qui en feront la demande pourront, après avoir été agréées par l'administration, recevoir pareillement des dépôts de billets. En outre des kiosques spéciaux seront établis dans le voisinage du Champ-de-Mars, du Trocadéro et de l'Esplanade des Invalides. Naturellement il est interdit aux intermédiaires de vendre les billets au-dessus des prix fixés par le règlement. Ces prix devront, d'ailleurs, être affichés dans tous les locaux où la vente des billets sera obligatoire ou autorisée. Une remise d'un pour cent sera faite aux intermédiaires. L'article 6 décide que les visiteurs, une fois sortis de l'une des enceintes de l'Exposition, ne pourront y rentrer que munis d'un nouveau billet.

Cartes d'Abonnement.

Les personnes qui demanderont une carte d'abonnement devront présenter leur portrait phothographique en double exemplaire à la caisse centrale du Trésor. Celle-ci délivrera un reçu qui, collé sur le portrait, constituera ainsi la carte d'abonnement. Ces cartes ne pourront être prêtées : les contrevenants à cette disposition seront poursuivis, conformément à la loi et leur carte sera annulée. Ajoutons que le bureau des abonnements sera ouvert dès le 1er mars prochain. Les personnes résidant au dehors du département de la Seine pourront faire leur demande au percepteur de leur canton, qui transmettra leurs

photographies à la caisse centrale et qui leur délivrera, dans le plus bref délai possible, leur carte
d'abonnement. Celles qui résident à l'étranger pourront envoyer à la caisse centrale du Trésor par lettre
recommandée, leur demande, accompagnée de 100 ou
de 26 francs, selon le cas, et de 50 centimes pour l'affranchissement d'un accusé de réception, qui leur
sera envoyé et au moyen duquel, à leur arrivée à
Paris, elles pourront retirer leur carte.

Cartes d'Exposants.

Quant aux exposants, une seule carte d'entrée gratuite leur sera remise à eux ou à leur représentant
dûment agréé par l'administration. Elles seront déta-
chées d'un livre à souche et signées par le directeur
général des finances. Leurs propriétaires seront
tenus, eux aussi, de fournir leur photographie en
double exemplaire.

Pourtant, si un exposant a besoin de plusieurs
gardiens ou employés pour le fonctionnement de son
exposition personnelle, il lui sera délivré un certain
nombre de jetons de service.

Enfin, des cartes de circulation générale ou de circulation restreinte, valables pour toute la durée de
l'Exposition ou pour un temps limité, seront délivrées,
suivant la nature des fonctions et les besoins du service, aux fonctionnaires et agents de l'administration
de l'Exposition et aux membres des commissions
étrangères que leur service appellera dans les enceintes de l'Exposition.

La Tour de 300 Mètres

AU CHAMP DE MARS

M. G. EIFFEL

INGÉNIEUR-CONSTRUCTEUR

COLLABORATEURS

MM. E. NOUGUIER & M. KŒCHLIN

Ingénieurs de la Maison Eiffel

M. SAUVESTRE, Architecte

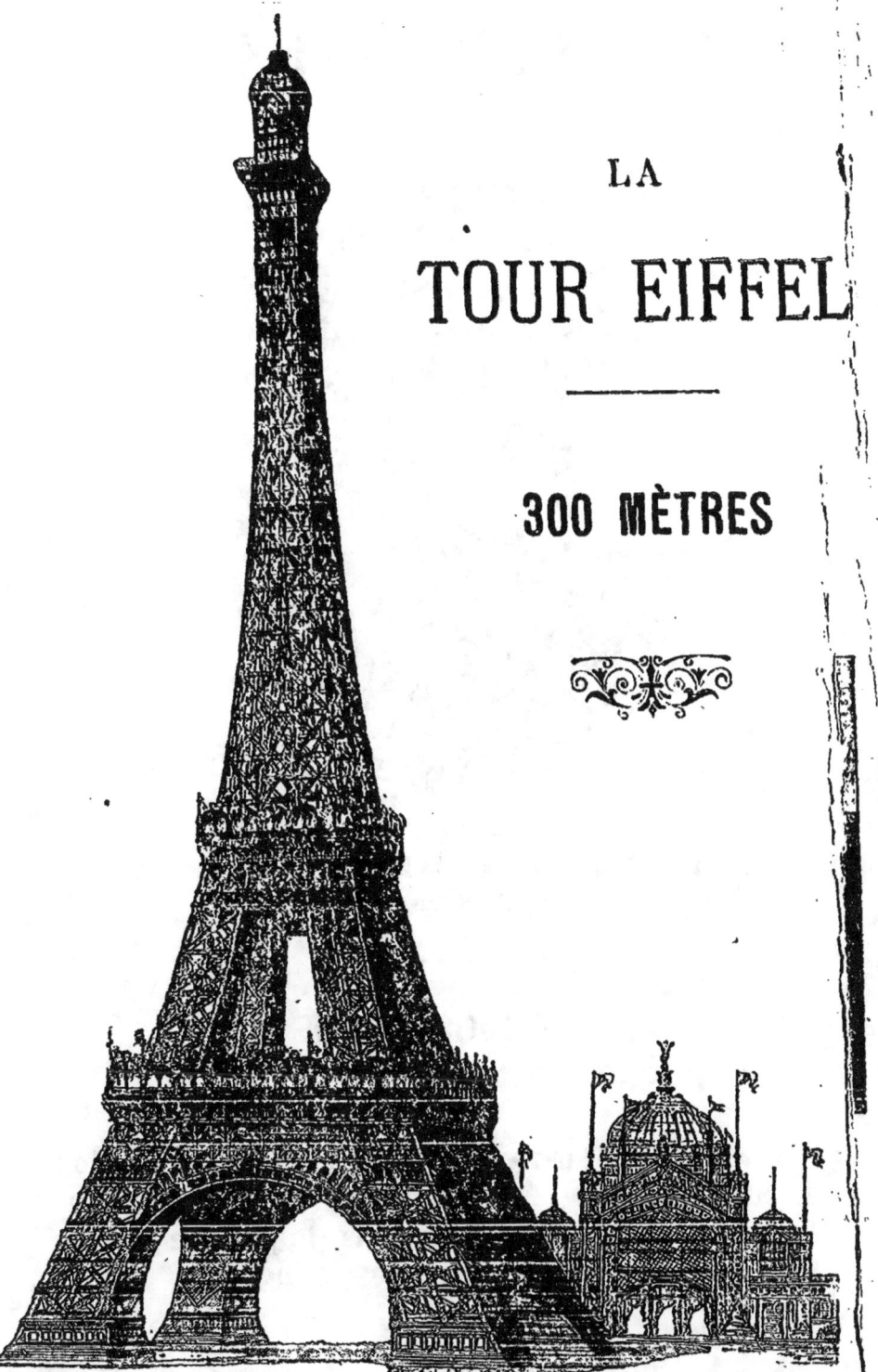

LA
TOUR EIFFEL

300 MÈTRES

LA TOUR EIFFEL

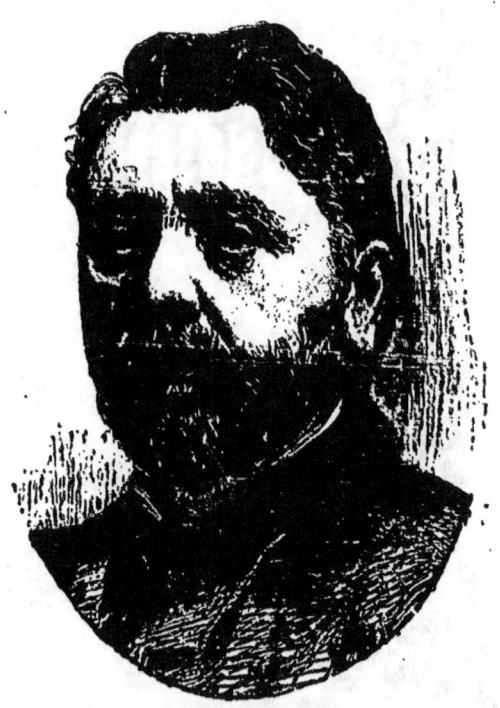

M. EIFFEL
Ingénieur-Constructeur de la Tour de 300 mètres
(Phot. Pirou).

—

SA BIOGRAPHIE

—

M. EIFFEL (ALEXANDRE-GUSTAVE) est né à Dijon
en 1832. Sorti de l'École Centrale des Arts et Manufactures à l'âge de vingt-un ans, le jeune ingénieur
trouva bientôt l'occasion de se distinguer.

En 1858, il fut attaché à l'exécution du grand pont métallique de Bordeaux, où il fit avec succès l'application toute récente de l'air comprimé à la fondation des piles. Depuis lors, et notamment aux Expositions précédentes, il dirigea une masse de travaux, dont la parfaite réussite lui fait grand honneur.

Il s'occupa surtout de la construction des ponts en arcs, et le fameux viaduc de Garabit, dans le Cantal, le mit hors de pair. C'est à 122 mètres de hauteur sur 165 mètres que passe la voie aérienne. La colonne Vendôme sur les tours Notre-Dame atteindrait juste la hauteur de la clef de voûte de ce colossal arc-en-ciel de fer.

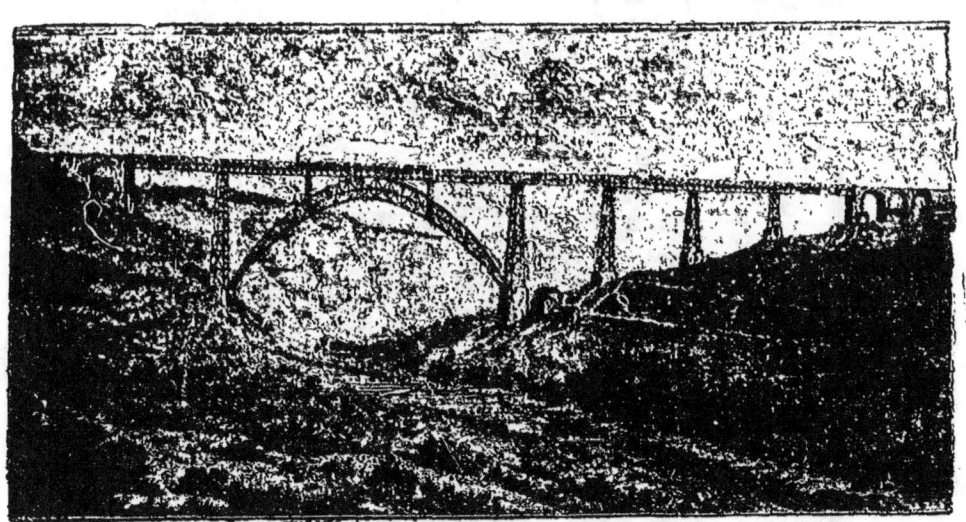

VIADUC DE GARABIT

Il serait trop long d'énumérer tous les travaux gigantesques qui ont classé M. Eiffel parmi nos constructeurs les plus distingués et les plus illustres;

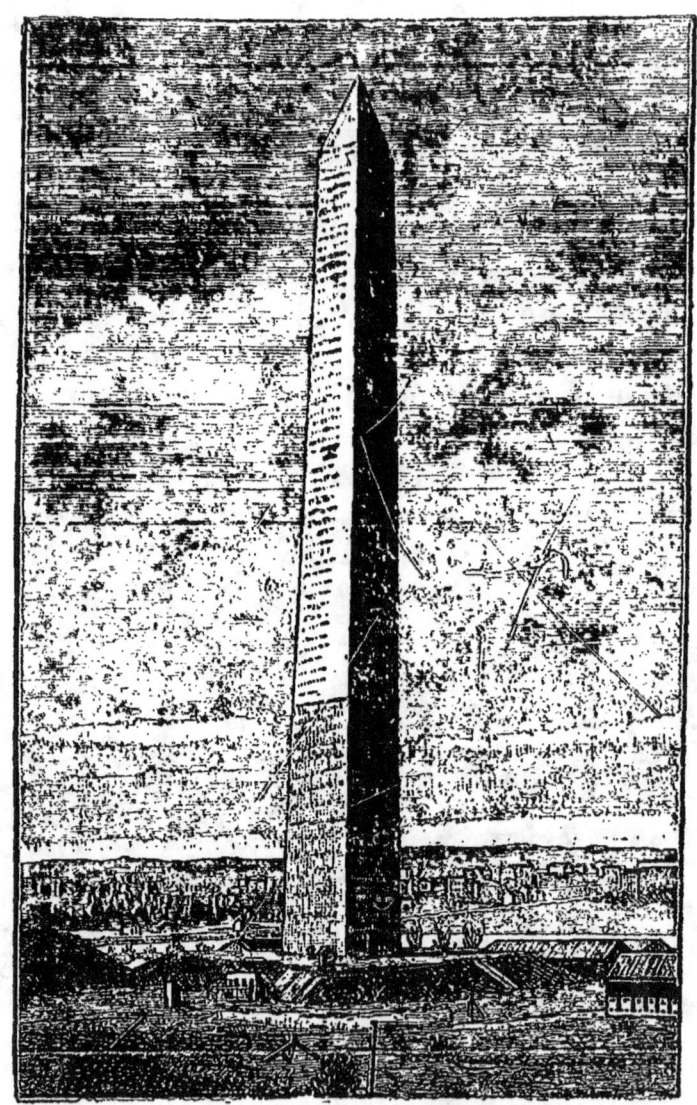

OBÉLISQUE DE WASHINGTON

1.

mais ces travaux n'avaient pas fait franchir à sa renommée le cercle du monde savant, qui sait comprendre et apprécier des œuvres se basant sur des données purement techniques.

La foule passe et admire ces travaux d'art de la Science moderne, mais ne connaît pas toujours le nom du constructeur et ne songe pas même à le rechercher.

Il fallait à M. Eiffel, pour acquérir le renom populaire dont il jouit aujourd'hui, que la Tour du Champ-de-Mars vînt frapper l'attention publique ; il fallait que l'éminent ingénieur étonnât les esprits par cette prodigieuse audace de planter sur le sol de Paris un monument dépassant de 140 mètres, presque du double, le plus haut monument connu, l'Obélisque de Washington, construit par les Américains en l'honneur de Washington, pour marquer le premier centenaire de l'Indépendance des États-Unis.

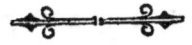

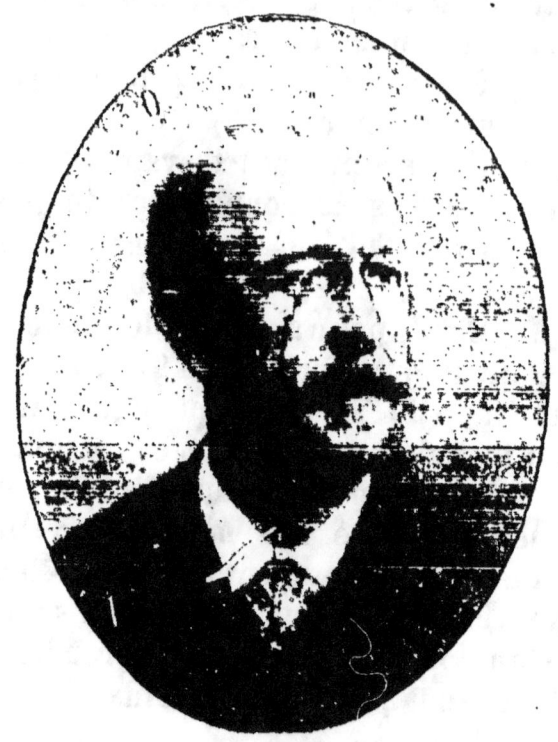

ÉMILE **NOUGUIER**.

Né à Paris le 17 février 1840,

Ingénieur civil, sorti de l'École nationale supérieure
des Mines en 1866.

Pendant 10 ans, Ingénieur du service des ponts à la
maison Ern. Gouin (Société de Construction des Batignolles); depuis 1876, Ingénieur à la maison G. Eiffel
où, chargé de la direction des études techniques et
de la direction des chantiers il a pris la part la plus
importante à tous les magnifiques travaux accomplis
depuis 12 ans par cette dernière maison, notamment
au pont de Douro et au viaduc de Garabit.

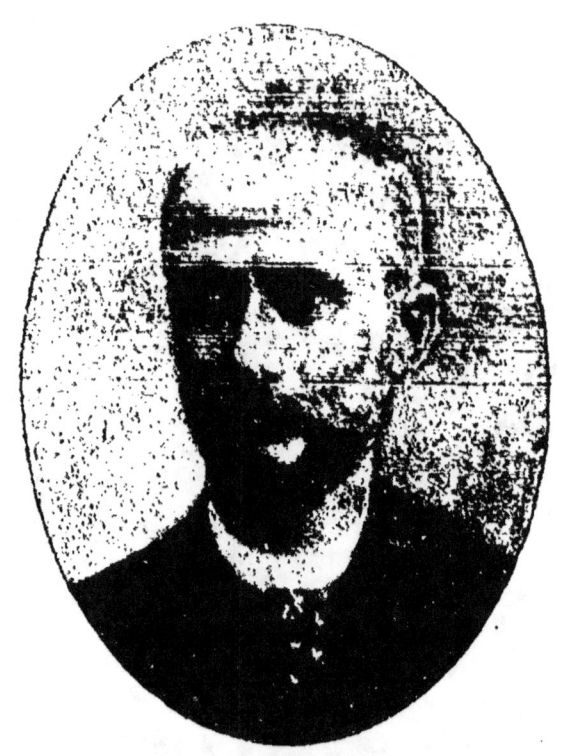

MAURICE KŒCHLIN

Né à Buhl (Alsace) en 1856

M. Kœchlin sorti premier de l'École Polytechnique de Zurich en 1877, est depuis 10 ans un des collaborateurs de de M. Eiffel ; il a dirigé les études et établi les calculs de toutes les grandes constructions exécutées par la maison Eiffel.

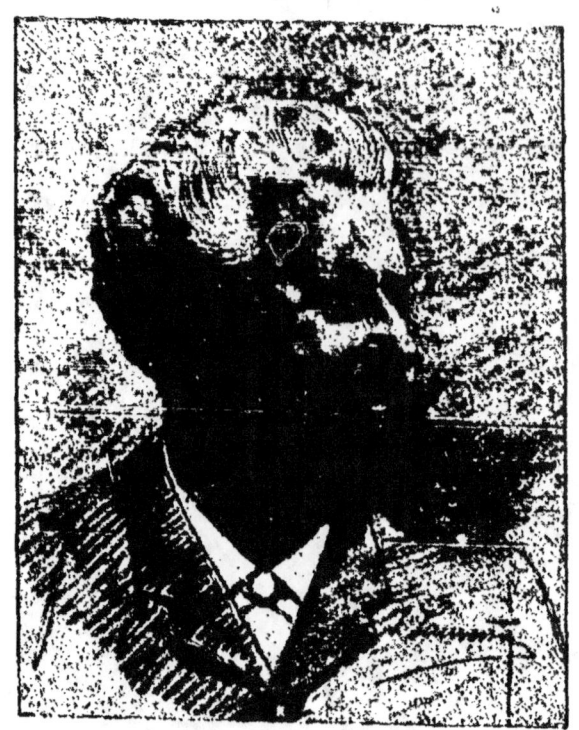

M. Stephen SAUVESTRE
Architecte de la Tour de 300 mètres.

Né à Bonnétable (Sarthe) en 1847, ancien élève de l'École spéciale d'Architecture, obtint une médaille d'or au Salon de 1869 pour un grand relevé fait avec son confrère M. Gautier, sur la merveille du Mont Saint-Michel.

Cet architecte de beaucoup de talent fut longtemps attaché à la maison Eiffel où il étudia notamment la gare de Buda-Pesth et fit en 1878 le pavillon d'exposition de la Compagnie du Gaz.

On lui doit également de nombreux hôtels et villas fort remarqués à Paris.

En mai 1884 il devint le collaborateur et l'un des auteurs de la Tour Eiffel et en mai 1886, il obtint avec M. Eiffel une des trois premières primes pour son grand concours de l'Exposition de 1889.

Il fut alors chargé par le Ministère de la Marine et des Colonies, comme architecte en chef, des travaux de la section des Colonies françaises à l'Esplanade des Invalides.

PREMIÈRE IDÉE D'UNE TOUR DE 300 MÈTRES

Lorsqu'il fut question pour la première fois de l'Exposition Universelle de 1889. M. Nouguier, ingénieur de la maison Eiffel eut l'idée d'étudier une tour de 300 mètres qui, dans sa pensée, devait servir d'entrée triomphale au Palais de la future Exposition.

Aidé de ses amis M. Kœcklin, également ingénieur de la maison Eiffel et M. Sauvestre architecte, il dressa le premier projet de cette tour gigantesque.

Un magnifique dessin de cette tour exécuté par M. Sauvestre fut admis par les soins des trois collaborateurs et grâce à la bienveillance de M. Antonin Proust, à l'Exposition des Arts Décoratifs de 1884.

La tour de 300 mètres venait ainsi de faire son entrée dans le monde.

Le même dessin exposé plus tard à Anvers, obtint un grand succès de curiosité.

Enfin, il fut reproduit dans le projet de concours pour l'Exposition de 1889, présenté par MM. Eiffel et Sauvestre.

M. Eiffel, d'ailleurs, le constructeur célèbre par les grands travaux qu'il a exécutés dans le monde entier, avait bien voulu patronner le projet de tour et assumer la responsabilité de sa construction. Il avait su convaincre M. Lockroy, alors Ministre du Commerce et de l'Industrie, du succès auquel était appelé ce monument gigantesque, et l'on peut dire que si cette idée de tour se trouve aujourd'hui réalisée, c'est grâce au concours de M. Eiffel et de M. Lockroy.

— 23 —

CONCOURS

L'administration supérieure avant de désigner ceux qu'elle chargerait du soin de construire les différents édifices qui doivent renfermer les produits naturels ou manufacturés venus de tous les points du monde, voulut éclairer son choix en invitant tous les architectes français à un concours qu'elle ouvrait à cet effet.

En mai 1886 un concours fut ouvert, en vue de l'Exposition Internationale de 1889, par M. Lockroy, Ministre du Commerce et de l'Industrie. Tous les ingénieurs et architectes français étaient admis à y prendre part. Dans le programme qui leur était soumis, les concurrents devaient réserver l'emplacement destiné à l'élévation d'une tour de 300 mètres.

Ce concours a produit cent sept projets, qui ont été exposés à l'Hôtel de Ville de Paris à la fin du mois de mai 1886, et, parmi ces nombreux projets, celui présenté par M. Eiffel et son collaborateur, M. Sauvestre, architecte, fut particulièrement remarqué, parce qu'il alliait, à la disposition générale de l'emplacement sur le Champ-de-Mars et à son utilisation méthodique, les qualités d'une étude approfondie.

La Commission spéciale approuva pleinement le projet de la Tour proposé par MM. Eiffel, Nouguier, Kœchlin et Sauvestre, sous la double réserve que l'ingénieur-constructeur aurait à étudier d'une manière plus précise le mécanisme des ascenseurs, et que des spécialistes seraient priés de donner leur avis sur les mesures à prendre au sujet des phénomènes électriques qui pourraient se produire.

Après ces préliminaires, la construction de la Tour de 300 mètres fut confiée à M. Eiffel d'une manière définitive. Elle sera non-seulement une attraction principale de l'Exposition Universelle, mais un des monuments les plus considérables de notre époque.

Nous croyons intéressant de donner la liste des projets primés par le Jury.

1re Série. — 4,000 francs.

1er Formigé; 2e Dutert; 3e Eiffel.

2e Série. — 2,000 francs.

4e De Perthes; 5e Cassien Bernard et Francis Nachon; 6e Raulin.

3e Série. — 1,000 francs.

7e Pierron; 8e Paulin; 9e Ballu; 10e Fouquiau; 11e Vaudoyer; 12e Hochereau et Girault.

Parmi ces projets nous insisterons tout spécialement sur le projet Eiffel, lequel, sans que nous voulions rien enlever des qualités des projets qui sont arrivés avec lui en première ligne, fournira certainement de grands et utiles éléments aux constructions futures.

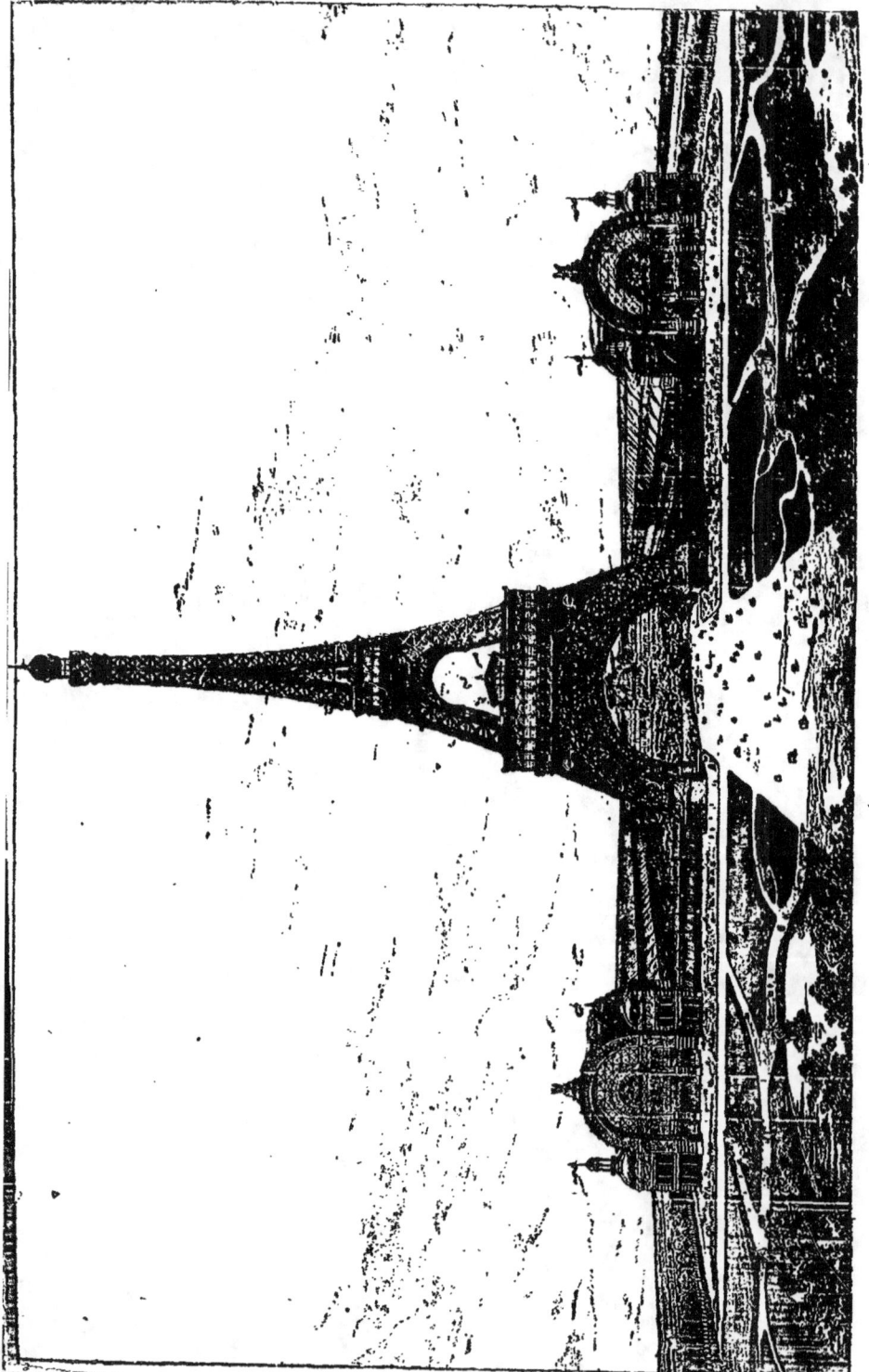

PROJET DE MM. EIFFEL ET SAUVESTRE

Notre dessin donne la vue générale du projet de MM. Eiffel et Sauvestre. On y remarque, comme entrée de l'exposition, en façade, au premier plan, la grande Tour en fer de 300 mètres.

Ce n'est pas sans une bien vive satisfaction, qu'une Commission, composée des plus hautes personnalités techniques et scientifiques de France, venait d'approuver le magnifique projet de M. Eiffel.

Cette Commission était composée comme suit:

Le Ministre du Commerce et de l'Industrie (*M. Lockroy*); Président: *MM. Alphand*, directeur des travaux de la Ville de Paris; *Berger*, ancien Commissaire des Expositions internationales; *Brune*, architecte, professeur à l'École des Beaux-Arts; *Collignon*, ingénieur en chef des Ponts-et-Chaussées, professeur à l'École des Ponts-et-Chaussées; *Contamin*, professeur à l'École Centrale; *Cuvinot*, sénateur; *Hersens*, président de la Société des Ingénieurs civils; *Hervé-Mangon*, membre de l'Institut; *Ménard-Dorian*, député; *Molinos*, administrateur des Forges et Aciéries de la Marine; amiral *Mouchez*, directeur de l'Observatoire; *Philipps*, membre de l'Institut.

Dans cette séance tenue au commencement de juin 1886, le Ministre a rappelé que l'adoption définitive du projet présenté par M. Eiffel restait subordonné aux décisions ultérieures de la Commission du contrôle des finances, et que, la Commission actuelle était exclusivement chargée d'étudier ce projet au point de vue technique, et d'émettre un avis motivé sur les avantages qu'il présente et les modifications qu'il pourrait comporter. La Commission a entendu les explications fournies par M. Eiffel et a confié l'étude détaillée des plans, ainsi que la vérification des calculs, à une Sous-Commission, composée de MM. Philipps, Collignon et Contamin.

Dans sa seconde séance, tenue le 12 juin, la Commission a reçu lecture du rapport, présenté au nom de la Sous-Commission, par M. Collignon et, par un vote, a adopté à l'unanimité les conclusions de ce rapport; ensuite, sur l'initiative du Ministre, elle s'est livrée à l'examen des divers autres projets présentés au concours, et finalement, sur la proposition de M. Alphand, elle a déclaré à l'unanimité, que la Tour à édifier en vue de l'Exposition Universelle de 1889, devait offrir un caractère nettement déterminé, qu'elle devait apparaître comme un chef-d'œuvre original d'industrie métallique, et que la *Tour Eiffel semblait seule répondre pleinement à ce but*. En conséquence, la Commission, dans les limites du mandat purement technique qui lui était confié, a proposé au Ministre l'adoption du projet de la Tour Eiffel, sous la double réserve que nous avons mentionnée plus haut.

Voici les conclusions du rapport de cette Commission :

« En résumé, le projet présenté par M. Eiffel paraît conçu dans de bonnes conditions de stabilité générale, surtout si l'on a égard à l'exagération évidente des hypothèses faites sur la violence du vent.

« La Sous-Commission est donc d'avis que le projet de M. Eiffel peut être approuvé au point de vue de la stabilité et de la résistance, sous les réserves suivantes :

« 1° Les arbalétriers seront réunis deux à deux

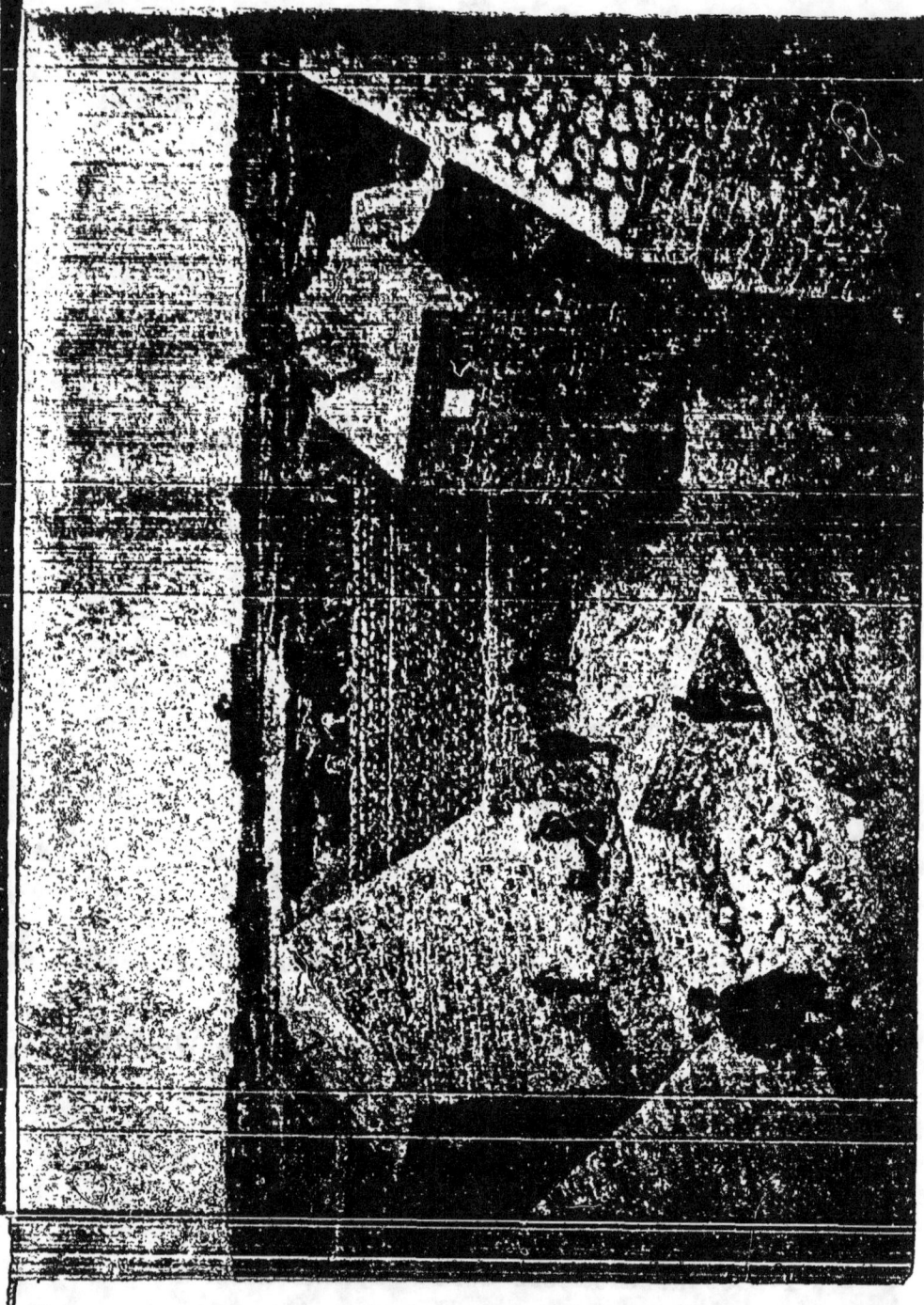

FONDATIONS DE LA TOUR *(Bulletin Officiel de l'Exposition de 1889)*

dans la partie désignée plus haut sous le nom de *second étage*;

. 2° Les sections des arbalétriers, dans la partie dite du *premier étage*, devront être légèrement grossies, de telle manière qu'il en résulte une réduction de la part proportionnelle du vent dans l'effort total ;

« 3° Les pieds des arbalétriers, à la base de la Tour, seront coupés normalement à l'axe moyen des pièces, et devront porter sur des assises réglées à la même inclinaison.

« La Sous-Commission estime qu'il y a lieu d'appeler l'attention des auteurs du projet sur l'importance des questions relatives aux assemblages et aux rivures, comme aussi sur la convenance qu'il y aurait à assurer l'invariabilité des angles des arbalétriers, au moyen de goussets et cornières.

« Enfin, reprenant une idée exprimée par M. Brune, la Sous-Commission pense qu'il est à propos, au point de vue architectonique, de faire saillir dans le projet d'exécution les arbalétriers dans toute la hauteur du rez-de-chaussée, sauf à réduire l'épaisseur de l'archivolte de la voûte voisine.

Les Membres de la Sous-Commission,

Ont signé : MM. Philipps, Collignon et Contamin.

En effet, on conçoit aisément qu'un monument aussi gigantesque devait jouer un rôle prépondérant dans la célébration solennelle de cette grande fête du Travail, et s'imposait tant à notre prestige national qu'à notre supériorité incontestée dans la Science et l'Industrie.

L'idée d'élever un monument dépassant en hauteur tout ce qui a été construit jusqu'à nos jours n'est pas nouvelle. Beaucoup de constructeurs y ont pensé et ont proposé des projets plus ou moins excentriques, plus ou moins susceptibles de résister à l'action destructive du temps ; c'est ainsi que les Américains voulaient élever à l'Exposition de Philadelphie, en 1875, une tour de *mille pieds* (304m 86) de hauteur, qui devait être élevée au milieu du parc environnant le Palais. Cette idée ne fut pas mise à exécution.

C'est donc à M. Eiffel seul qu'appartient l'honneur d'avoir le premier dressé une Tour établie sur des données scientifiques indiscutables, dont l'ensemble offre des formes géométriques éminemment artistiques et d'une résistance à toute épreuve.

« Mon projet de Tour, nous disait M. Eiffel, est le résultat de longues et patientes études : tous les éléments en ont été calculés avec le plus grand soin ! »

La confiance en son œuvre ne devait pas tarder à recevoir une éclatante confirmation, car aujourd'hui la voilà qui se monte avec une merveilleuse rapidité et s'impose à l'admiration de tous.

CONSTRUCTION

La Tour se compose de quatre montants formant une pyramide à faces courbes ; chaque montant forme un caisson à grand treillis, ayant 15 mètres de largeur à sa base et 5 mètres au sommet.

La courbe adoptée pour les lignes extérieures du monument est justement la courbe des monuments fléchissants, calculée suivant l'effort du vent.

L'écartement des pieds des montants est de 100 mètres d'axe en axe; ils reposent sur de solides massifs de fondation, auxquels ils sont attachés et ancrés par de forts boulons.

Les fondations des quatre montants ont nécessité seize soubassements en fonte qui ne pèsent pas moins de 10 tonnes (10,000 kilog.).

Pour construire les fondations, il a fallu déplacer 48,000 mètres cubes de terre et employer 14,000 mètres cubes de maçonnerie.

Notre dessin représente le pilier n° 3 de la tour Eiffel. Au premier plan, on voit deux portions de maçonnerie ou portions de rectangles semblables aux deux rectangles de maçonnerie qui se trouvent au second plan. Ces quatre constructions forment les fondations du pilier; sur chacun de ces rectangles sont enchâssés des boulons ou longues tiges en fer sur lesquels viendront s'ajuster les pièces métalliques.

Devant chacune des pièces de maçonnerie placées au second plan se trouve un gros tuyau en fonte, enfoncé dans la couche aquifère, et qui servira de conduite à l'électricité pour les paratonnerres. Dans chaque pilier se trouveront des conduits semblables.

Derrière ces rectangles de maçonnerie se dresse un mur très épais qui forme l'enceinte du pilier.

C'est dans ce pilier que seront placées les machines pour les ascenseurs.

Des pieds de la Tour s'élèvent quatre arcs grandioses de 80 mètres d'ouverture et de 50 mètres de hauteur, dont les tympans et les bandeaux seront recouverts de décorations et ornements représentant des devises et les héros du devoir.

Au premier étage (56 mètres) existe une grande galerie vitrée faisant le tour de la construction et formant une esplanade de 4,200 mètres carrés, où seront installés cafés, restaurants, bars et autres établissements de ce genre.

Au deuxième étage (115 mètres) une seconde salle de 1,000 mètres carrés ; enfin, au sommet, une coupole avec balcon extérieur, d'où la vue s'étendra presqu'à l'infini.

Pour faciliter le montage et ne pas avoir à se préoccuper du tassement possible dans les fondations, M. Eiffel a fait disposer l'appui des arbalétriers sur les culées de manière à pouvoir intercaler entre la base des membrures et le sabot des verins hydrauliques des coins en fer permettant à tous instants du montage et pendant sa période de remédier aux tassements qui pourraient se produire.

CHOIX DES MATÉRIAUX

Sans entrer dans des détails techniques, nous dirons tout d'abord que la maçonnerie aurait été absolument impropre à élever un monument de 300 mètres de hauteur, non pas à cause du défaut de résistance des rochers, car on aurait pu employer les granits, les basaltes ou les porphyres, mais à cause de l'insuffisance de résistance des ciments et mortiers qui, nécessairement, devaient servir de liaison aux différents blocs entrant dans la construction d'un tel monument.

C'est ainsi que les piliers des grands monuments du monde : Saint-Pierre de Rome, Saint-Paul de Londres, travaillent avec une charge de 15 à 20 kilog. par centimètres carrés, et que les piliers du Panthéon de Paris, qui travaillent avec une charge de $29^k 44$, sont consilérés comme établis à une limite qu'il ne faudrait pas dépasser.

De plus, il y a toujours à craindre pour les fondations les tassements tels que ceux qui se sont produits dans la tour de Pise et dans celle de Bologne, dont l'une à $97^m 50$ et dont l'autre est restée inachevée, tassements qui ne se produiront pas ou seraient facilement réparables dans une tour métallique.

Un autre exemple de tassements à craindre nous a été donné par l'obélisque de Washington, dont il fallut reprendre la construction en sous-œuvre quand elle fut arrivée à 46 mètres.

Il mesure $169^m,25$ de hauteur et a la forme d'un

obélisque creux et carré, ayant 16^m,75 à la base et 10^m,50 au niveau du pyramidon qui lui sert de couronnement.

Les murs, construits en granit, ont 4^m,50 d'épaisseur à la base, et 0^m,50 au sommet.

Le poids de la construction au-dessus des fondations, est de 45,000 tonnes; soit pour une surface de 223 mètres carrés, une charge de 20 kilog. par centimètre carré; si l'on y ajoute l'effort du vent calculée à 300 kil. par mètre superficiel, ce qui équivaut à une surcharge de 6^{k}5 par centimètre carré, on voit que le monument ne travaille jamais à plus de 26^{k}50 par centimètre carré.

Commencé en 1848, le monument devait avoir 600 pieds (183 mètres) de hauteur; mais lorsque la construction fut arrivée à 46 mètres, elle s'inclina d'une façon tellement inquiétante, qu'il fallut suspendre les travaux et reprendre les fondations en sous-œuvre. On réduisit alors les proportions; et la construction, reprise en 1880, ne fut terminée qu'en 1886.

L'inauguration a eu lieu le 21 février dernier, le prix d'établissement dépassa 7 millions de francs.

Le visiteur monte au moyen d'un ascenseur, on y jouit d'un spectacle incomparable.

Le projet est de M. Robert Mills et fut exécuté sous la direction de M. Thomas Linolm Casen, ingénieur américain.

M. Eiffel a calculé que pour établir une tour en maçonnerie de 300 mètres de hauteur, travaillant à la base à 30 kilog. par centimètre carré, il faudrait 70,000 mètres cubes de pierres de taille pour le monument, et 38,000 mètres cubes de maçonnerie pour les fondations. La dépense s'élèverait au moins à 16 millions.

Le fer et l'acier, au contraire, se prêtant tous les jours à des travaux de charpente et de ponts, qui auraient paru il y a quelques années absolument irréalisables, étaient donc les seuls matériaux susceptibles d'être employés dans un monument du genre de celui qui nous occupe.

RÉSISTANCE ET STABILITÉ

DE LA TOUR

Le monument de M. Eiffel doit résister à deux forces :

1° Le poids des matériaux entrant dans la construction.

2° Les efforts du vent.

Le poids du métal est prévu à......	4.800 tonnes.
Celui des planchers et divers à.....	1.700 —
Total........	6.500 tonnes.

Cette charge, qui se répartit sur une si large base, est absolument insignifiante.

M. Eiffel a calculé les efforts du vent dans trois hypothèses. La première avec une pression de 300 kilog. par mètre carré de la base au sommet ; la seconde avec des pressions augmentant de bas en haut, et prévues à 200 kilog. par mètre carré à la base et à 400 kilog. au sommet; la troisième avec une pression de 300 kilog. au sommet et zéro à la base.

Ces trois hypothèses ont conduit, pour la forme à donner aux arêtes de la Tour, à des courbes à peu près identiques.

Le moment de renversement, c'est-à-dire l'effort capable de renverser la Tour, serait équivalent, dans le premier cas, à 303,113 tonnes mètres, et dans le second à 307,518 tonnes mètres; tandis que le moment de stabilité, c'est-à-dire l'équilibre de la Tour, en supposant une base de 100 mètres de côté, sera toujours de 325,000 tonnes mètres.

En conséquence, la stabilité du monument est assurée, d'autant plus que jamais, à Paris, les efforts du vent n'ont atteint 300 kilog. par mètre carré, ni à plus forte raison 400 kilog., car le vent soufflant en tempête à raison de 25 mètres de vitesse par seconde, ne produit qu'une pression de 78 kilog. par mètre carré.

De plus, les pieds de la Tour sont fortement boulonnés dans les fondations.

LA TOUR AU PREMIER ÉTAGE

Les promeneurs parisiens qui ont fait des abords de la Tour Eiffel le but de leur promenade le dimanche 29 avril 1888, constataient avec surprise que les madriers géants qui se dressaient aux extrémités des montants des quatre piliers, portaient des drapeaux tricolores claquants au vent et donnant au géant de fer un air de fête.

C'était fête en effet sur le plancher du 1ᵉʳ étage.

Le plancher du premier étage, entièrement achevé, a été construit par M. Perrier aîné ; il est composé de larges tuiles creuses ou hourdis creux de 0.60 à 0.70 de longueur sur 0,20 à 0,25 de largeur. Ces hourdis sont enfermés entre des rails en fer et scellés en plâtre.

Il en résulte une solidité extrême jointe à une très grande légèreté. Cette double condition était indispensable à remplir, si l'on songe à la charge considérable que le plancher aura à supporter (sa surface est de 4,200 mètres carrés) après l'installation définitive des constructions que la plate-forme est appelée à recevoir.

M. Eiffel y avait réuni ses collaborateurs, ingénieurs, contre-maîtres et ouvriers, pour les remercier du concours qu'ils apportent à son œuvre, et annoncer au personnel que la retenue de deux pour cent opérée sur le salaire pour frais d'assurances contre les accidents et soins donnés aux malades, était supprimée désormais.

Cette suppression, qui constituait une véritable augmentation de salaire, a été, il est à peine besoin de le dire, accueillie avec les marques de la plus vive satisfaction.

Le temps était magnifique : quelques invités étaient conviés par M. Eiffel à un lunch, dont les honneurs étaient faits par M. Salles, son gendre et par M. l'ingénieur Nouguier.

De cette plate-forme, où nous sommes nous-mêmes montés, nous avons pu parcourir le panorama incomparable que Paris offre, contemplé de cette hauteur.

Cette vue de Paris est réellement merveilleuse ; lorsque l'œil s'y est quelque peu habitué, et qu'il franchit les limites relativement étroites du plancher de la Tour, le spectacle constitue, par sa grandeur, sa coloration et sa diversité, l'un des tableaux à la fois les plus imposants et les plus curieux qu'il soit donné au regard d'embrasser du haut d'un monument élevé par la main des hommes.

A cette hauteur, la Tour atteint 55 mètres environ ; pour arriver à cette plate-forme il fallut franchir 345 marches.

LE BANQUET DE LA PRESSE

A LA TOUR EIFFEL

On ne déjeune pas tous les jours à une hauteur de soixante mètres. Cette bonne fortune a été offerte à la Presse, en mai 1888 par l'éminent ingénieur, M. Eiffel, qui a eu l'idée originale de servir à ses convives un plantureux déjeuner au premier étage de la tour.

L'ascension a été des plus gaies.

M. Eiffel guidait lui-même ses cent cinquante invités à travers la ligne brisée des étroits escaliers qui chevauchent avec des retours brusques dans l'un des quatre piliers, traversant des enchevêtrements indescriptibles de fers où les lignes les plus bizarres, les dessins les plus extraordinaires fuient sous les pieds, tandis que Paris surgit peu à peu des quatre coins de l'horizon avec ses dômes, ses flèches, ses tours et son enceinte.

Sur la plate-forme c'est un va-et-vient énorme. On apporte des caisses de victuailles, on fait les derniers préparatifs pour un déjeuner pantagruélique.

L'armée des gâte-sauces dont les vestes blanches tranchent vivement sur le bleu du ciel et le vermillon des fers, est placée sous un hangar improvisé formé de bâches. Sans se préoccuper un instant de la hauteur où ils se trouvent, ils découpent les viandes, préparent les sauces, alignent les bouteilles...

Trois tables sont mises dans une vaste loge en bois couverte de zinc et décorée de drapeaux tricolores.

M. Eiffel, l'amphitryon, prend place à la table d'honneur; il a à sa droite M. Adrien Hébrard, directeur du *Temps*, président du Syndicat de la Presse, et à sa gauche M. Georges Berger, directeur de l'exploitation de l'Exposition. Prenaient place à la même table :

MM. Vaudoyer, architecte du Pavillon de la Presse à l'Exposition, Mayer directeur de la *Lanterne*, Henry Maret et Yves Guyot, députés, etc.

Parmi les autres assistants, au nombre de cent en-
viron, nous remaquons : MM. Francisque Sarcey, Paul
Foucher, Édouard Cahen, Camille Dreyfus, Rouy,
Charles Laurent, Lordon, Dupuy, Grisier, Alphonse
Humbert, Paul Strauss, Gaston Carle, Lepelletier,
Bourgeat, Calmette, Hervet, Oscar Havard, Hément,
J.-B. Guérin, Joseph Reinach, Camille Le Senne,
Coste, Berthol-Graivil, Dunal, de Léris, du Tartre,
Ariego, Sauvestre, architecte de la Tour, Nouguier,
ingénieur, et Gobert, le fondé de pouvoir de M. Eif-
fel, etc.

L'invitation mentionnait que le déjeuner aurait lieu
sans « cérémonie ». Toutefois, il a été servi par Che-
vet. C'est dire qu'il a été réussi en tous points. En
voici le menu :

Truite à la gelée sauce verte
Tournedos à la Béarnaise
Homard à l'Américaine
Chaufroid de poulardes
Ortolans sur canapés
Mousse de foies gras
Salade Vénitienne
Mazarines à la Montmorency
Gelée Victoria

Au dessert, M. Eiffel a bu à la Presse française ; il a
a exprimé le désir qu'on attendît que son œuvre fût
terminée pour porter sur elle un jugement définitif.

M. Adrien Hébrard a répondu, au nom de la presse
parisienne, au toast de M. Eiffel.

Puis M. Berger a porté la santé de M. Eiffel et des
Membres de la Presse parisienne et départementale.

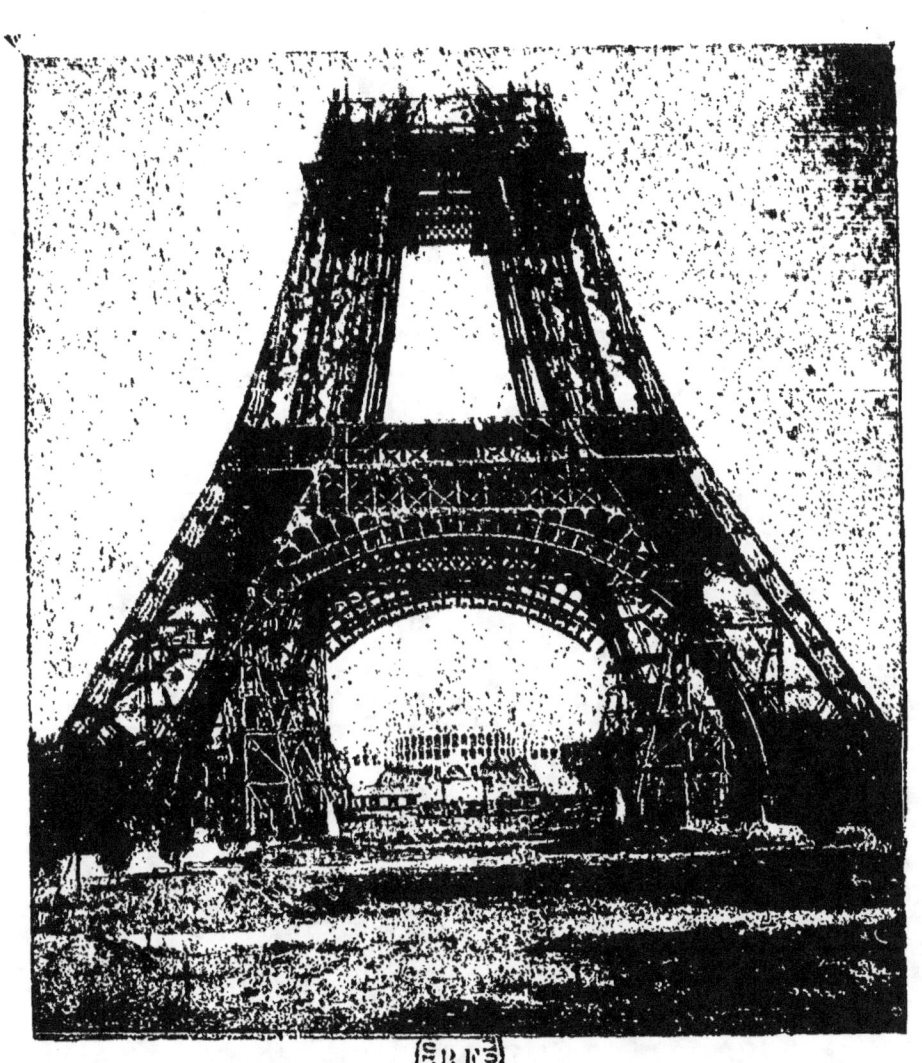

LA TOUR EIFFEL A 120 MÈTRES

(Bulletin Officiel de l'Exposition de 1889)

OSCILLATION DE LA TOUR

La Tour subira, sous l'effort du vent, ainsi que les tours des phares et des grandes cheminées d'usines, une oscillation et une flèche, mais beaucoup moins sensibles que celles des maçonneries qui, pour l'élasticité des mortiers, se déplacent à leurs sommets de quantités relativement notables.

Pour un vent de tempête l'amplitude de l'oscillation que pourra prendre la tour, ne dépassera pas 0ᵐ25.

EFFETS DE LA FOUDRE

La Tour de 300 mètres de hauteur pourra jouer le rôle d'un énorme paratonnerre et protègera un immense espace autour d'elle, attendu que la masse métallique est en communication parfaite avec la couche aquifère du sous-sol par le moyen de conducteurs capables de débiter la quantité considérable de fluide électrique, dont il y aura lieu d'assurer l'écoulement pendant les jours d'orage.

POIDS DE LA TOUR

M. Eiffel estime que le poids total des fers et fontes, boulons de toutes natures entrant dans la construction de la Tour, montera à 6.500 tonnes, réparti comme suit.

Poids du métal prévu.......	4.800 tonnes
Celui des planchers et divers.	1.700 —
Total.......	6.500 —

PRIX DE LA TOUR

Le prix de revient de la Tour, mise en place avec l'ornementation et les nécessités architecturales, s'élève au chiffre de cinq millions et se répartit comme suit :

1° Tour métallique............	3.405.000 fr.
2° Fondations. — Maçonnerie..	400.000
3° Travaux de vitrerie, couvertures et divers............	100.000
4° Ascenseurs................	250.000
5° Peintures et décorations, appareils divers pour l'électricité, machines.........	845.000
Total.......	5.000.000

Cette dépense totale de 5 millions sera pour le compte de la Société Eiffel, de trois millions et demi et l'État fournit le reste sous forme de subvention, soit 1.500.000 francs.

ASCENSEURS. — ESCALIERS

A bout d'arguments, les adversaires du progrès et du succès de l'Exposition de 1889 ont essayé d'insinuer qu'il serait très difficile, sinon impossible, d'établir dans la Tour de 300 mètres des ascenseurs permettant d'y monter vite.

Les ascenseurs pour la Tour Eiffel sont un intéressant problème ; mais c'est un problème de détail que l'on peut considérer aujourd'hui comme entièrement résolu.

Dans le principe, c'est un ascenseur à spirale qui devait transporter les visiteurs jusqu'au campanile.

Ce premier système peut être expliqué par l'exemple d'une vis, tournant en sens inverse, et remontant une voiture contenant cent personnes. Mais ce système présentait, entre autres inconvénients celui de produire, dans la masse de métal, des vibrations très grandes qui auraient désagréablement impressionné les voyageurs, et on y a renoncé.

Après de nombreux travaux, M. Eiffel et ses collaborateurs ont arrêté le projet suivant qui est définitif.

Quatre ascenseurs entraîneront sur les fermes des angles, quatre voitures dans lesquelles cent voyageurs prendront place. Arrivés à la deuxième plateforme, les amateurs « du plus haut » prendront place dans un ascenseur hydraulique qui les conduira à 135 mètres. Là, il sera interdit de sationner. Il faudra prendre place dans une nouvelle voiture qui franchira encore 80 mètres, point extrême qu'atteindront les ascenseurs.

Pour gagner le campanile qui couvrira l'édifice, il faudra gravir encore vingt-cinq mètres par un escalier en fer.

C'est à M. Edoux, le célèbre ingénieur-inventeur de l'ascenseur du Trocadéro et des rideaux de fer hydro-électriques, et qui est parvenu à faire ouvrir automatiquement le plancher du cirque Oller, de la rue Saint-Honoré, que M. Eiffel a confié l'étude des

ascenseurs de la Tour ; il ne pouvait mieux choisir.
Le projet Edoux présenté à M. Eiffel pour la traversée du deuxième au troisième étage, a été soumis
à la Commission technique, composée de MM. Mascard et Philipps, de l'Institut ; Collignon, ingénieur
des ponts et chaussées , Berger, directeur de l'exploitation ; Molinos, ingénieur, etc. — Ce projet, après
un examen des plus minutieux a été unanimement et
définitivement adopté.

L'appareil imaginé par M. Edoux est des plus ingénieux. Il se compose de deux cages se faisant contrepoids et actionnées par deux pistons hydrauliques.
Les tiges de ces derniers, pour éviter toute flexion
due à l'effort du vent, s'élèvent dans des gaînes en
fonte ; les cages sont reliées l'une à l'autre par des
câbles en fils d'acier passant sur des poulies établies
à la plateforme supérieure ; pour égaliser les efforts
de chaque câble, ils se réunissent aux cages par l'intermédiaire des balanciers.

Le système de freins qui donne pleine sécurité est
à la fois simple et ingénieux.

Chaque cage est guidée vers son sommet par des
tétons portant sur des glissières verticales et terminées à leur partie inférieure par des parties coniques.
En même temps que la cage se meuvent, dans les
cylindres formant l'appui des glissières, des blocs
glissant dans des rainures hélicoïdes et présentant à
leur sommet un évidement conique, correspondant à
la partie conique que nous avons signalée sur les
tétons. Les blocs et les tétons étant traversés par des
câbles, si ceux-ci viennent à se rompre, les blocs
s'arrêtent dans leur rainure et supportent, par l'intermédiaire des tétons, le poids de la cage.

Telle est la description sommaire du nouvel ascenseur adopté.

Cent ascensionnistes prendront place dans chaque ascenseur, ainsi qu'il a été dit, et seront transportés à la hauteur prodigieuse de 300 mètres en une minute et demie.

La question du prix de chaque voyage intéressant toutes les bourses, nous nous en sommes informés, et nous avons appris que pour arriver à la deuxième plateforme, soit à 115 mètres, le prix a été fixé à 2 francs par place, et pour arriver à la troisième plateforme, il a été fixé a 3 francs par place, soit 5 francs pour une ascension entière.

Il va sans dire que des mesures minutieuses seront prises et qu'il sera impossible qu'aucun accident se produise.

Que les corbeilles ou cages soient toujours pleines, les frais seront bientôt couverts. Mais, pour le moment, ce ne sont pas les bénéfices qui intéressent nos ingénieurs, c'est leur succès.

Disons que MM. Eiffel et Edoux ont fait ensemble leurs études à l'École centrale des Arts et Manufactures, qui est, comme on le sait, la pépinière de nos meilleurs ingénieurs pratiques.

ÉCLAIRAGE ÉLECTRIQUE DE LA TOUR

On pourra disposer sur cette Tour des foyers électriques suffisamment puissants, comme cela se fait dans certaines villes d'Amérique. On obtiendra ainsi un éclairage général dont les avantages sont reconnus depuis longtemps, mais qui n'ont pu encore être réalisés sur une aussi vaste échelle.

On éclairera ainsi toute l'Exposition et les abords de la façon la plus complète et la plus agréable, au moyen d'un centre lumineux.

On conçoit dès lors quelles ressources offrira ce monument éclairant.

D'après les évaluations des savants compétents, il faudra au sommet de la Tour un foyer de 3.000 ampères pour éclairer suffisamment et de façon à pouvoir lire un journal sur une surface de 1.000 mètres de diamètre. Ce foyer exigera une force de 4 à 500 chevaux, mais comme on ne peut arriver jusqu'à présent qu'à des foyers de 90 ampères, il faudra installer autour de la lanterne supérieure et suivant les étages, de 40 à 50 lampes disposées au moyen de réflecteurs convenablement distribués.

Chaque ampère équivaut à la lumière de 25 lampes carcel: le foyer lumineux représentera donc la lumière de 75.000 lampes.

OBSERVATIONS SCIENTIFIQUES

Malgré les critiques qui se sont produites sur l'utilisation de la Tour Eiffel, il n'est pas douteux que, en dehors du mouvement de curiosité qui y fera affluer les visiteurs de l'Exposition, elle offrira à la science un vaste champ d'observation.

A la Météorologie elle permettra d'arrêter la loi de décroissance de température avec la hauteur ; ce qui ne peut se faire avec les tours en maçonnerie qui s'échauffent inégalement suivant l'influence des rayons solaires ; de vérifier les proportions de pluie qui tombent à différentes hauteurs ; de résoudre la question de la formation de la pluie, encore si obscure ; d'étudier les brumes, les brouillards, les rosées, l'état hygrométrique de l'air aux différentes hauteurs et son état électrique ; d'étudier la différence de tension électrique entre deux points situés à 300 mètres de distance verticale, la transparence de l'air, etc., etc.

Suivant l'honorable amiral Mouchez, directeur de l'Observatoire, la Tour Eiffel en fer présenterait une incontestable supériorité sur les monuments en maçonnerie pour les observations mitéorologiques ; et M. Puiseux, astronome attaché à l'Observatoire, reconnait qu'elle favorisera certaines observations astronomiques très délicates.

Elle permettra aussi d'établir des manomètres allant jusqu'à 400 atmosphères et de graduer ceux des presses hydrauliques.

Enfin, au point de vue de la télégraphie optique et

des moyens de communications rapides pour la guerre, la Tour Eiffel offrira un champ d'observations et d'expériences aussi vaste qu'intéressant.

En cas de guerre, on pourra, de cette Tour, observer tous les mouvements de l'ennemi dans un rayon de 60 kilomètres, en plongeant au-dessus des hauteurs qui environnent Paris et sur lesquelles sont placés les nouveaux forts.

En cas d'investissement ou de suppression des lignes télégraphiques ordinaires, on pourra de ce poste élevé communiquer, par la télégraphie optique ainsi qu'il est dit plus haut, à des distances considérables, telles que de Paris à Rouen, par exemple, où le second observateur pourra lui-même être placé sur une colline élevée.

QUELQUES CHIFFRES

Le nombre des grosses pièces de fer employées pour la construction du colosse métallique se monte au chiffre respectable de douze mille environ, et comme chaque pièce décrit dans l'espace une courbe particulière, M. Eiffel a dû faire 12 mille dessins tous différents les uns des autres, et les pièces construites d'après ces dessins sont arrivées à une précision infinitésimale telle que pas une erreur ne s'est produite, et que chaque pièce est venue se souder à la précédente avec l'exactitude brutale du chiffre.

Ces soudures ont nécessité l'emploi de 2,500,000 rivets pesant cinq cent mille kilogrammes. Étant donné qu'il faut dix coups de marteau en moyenne par chaque rivet, nous arrivons au chiffre fantastique de 25 millions de coups de marteau.

COMPARAISON AVEC LES MONUMENTS LES PLUS ÉLEVÉS

Afin d'établir une comparaison entre la Tour Eiffel et les monuments les plus élevés du monde nous donnons ci-dessous ces élévations :

Tours Notre-Dame de Paris......	66 mètres
Panthéon......................	79 —
Flèche des Invalides	105 —
Saint-Pierre de Rome..........	132 —
Cathédrale de Vienne...	138 —
Cathédrale de Strasbourg.......	142 —
Grande Pyramide d'Égypte......	146 —
Cathédrale de Rouen......... ...	150 —
Cathédrale de Cologne..........	169 —
Obélisque de Washington........	170 —
Tour Eiffel....................	300 —

Un simple coup d'œil sur ce tableau suffit pour se rendre compte de quelle hauteur la Tour Eiffel dominera tout ce qui a été construit en monuments gigantesques jusqu'à ce jour.

CRITIQUE DE LA TOUR

Malgré l'intérêt qui s'attachait à ce monument, que n'ont pas dit, que n'ont pas imaginé les critiques ? Les uns criaient à la tour de Babel, les autres annonçaient des troubles dans l'état climatérique de Grenelle et même de Paris. La Tour construite répond elle-même à ces objections.

Mais il est une question que nous voulons traiter spécialement, c'est celle qui a trait à la valeur artistique de l'œuvre.

La plupart des architectes qui ont concouru pour le plan de l'Exposition, ont été gênés, nous dit-on, par cette immense pyramide qui écrase dé sa masse tous les monuments d'alentour et particulièrement les bâtiments prévus pour l'Exposition : on lui reproche de manquer de cachet artistique : on la considère dans l'ordre architectural comme une création sans goût, sans art, sans élégance, une œuvre barbare, un monstre enfin.

Il est certain que l'œil, accoutumé à envisager les monuments dans le cadre étroit des constructions de pierre, ne saurait s'habituer tout d'un coup aux proportions gigantesques de la Tour Eiffel et que sa comparaison immédiate avec nos palais étonne et choque ; mais c'est là certainement un rayon d'optique, une éducation de l'œil à faire.

N'est-ce pas de l'art que l'application de la Science acquise par l'homme et de la puissance dont il dispose à la réalisation d'une conception quelconque ? et

dès lors quelle œuvre plus artistique que la Tour
Eiffel dont les lignes ont été arrêtées par le calcul
c'est-à-dire par la loi de progression géométrique ?

En fait d'architecture, l'art est la caractéristique
d'une époque, d'un mouvement ou d'une génération
dans l'esprit humain ; il marque les étapes et les
évolutions successives de l'humanité ; procédant des
grossiers tumulus en terre, il passe aux dolmens, aux
pyramides, aux obélisques, pour arriver au Parthénon,
au Colisée, puis à la Renaissance et à nos constructions modernes.

Or, qui sait si les prodigieux remueurs de pierres,
qui ont élevé les pyramides, n'auraient pas souri de
pitié à la vue des projets du Parthénon d'Athènes ? Si
les artistes incomparables qui on conçu cette merveille des merveilles, n'auraient pas à leur tour criti-
qué l'art Gothique ? Si le cerveau puissant et inconnu
dans lequel a germé Notre-Dame de Paris, n'aurait
pas traité de fou l'architecte de la colonnade du
Louvre ?

Qui peut nier aujourd'hui qu'une révolution s'opère
dans les procédés de bâtir ?

La pierre et la brique, seuls éléments des construc-
tructions de l'Antiquité, cèdent de plus en plus le pas
au métal. Le fer fondu ou forgé, épousant toutes les
formes, offrant la plus grande résistance sous le
moindre volume, tend à se substituer aux anciens
matériaux de construction.

Est-il étonnant, dès lors, que les ingénieurs, qui
assistent à cette révolution et qui la propagent, éprou-
vent le besoin d'élever un monument impérissable
qui atteste cette transformation, qui en reste comme

le témoin indestructible; n'obéissent-il pas plutôt à ce sentiment inné de l'art qui a donné naissance aux Pyramides, au Parthénon, à Notre-de-Dame de Paris, à Saint-Pierre de Rome, à la colonnade du Louvre?

D'ailleurs, au moment où une crise terrible pèse sur notre industrie métallurgique, où nos ouvriers sont sans travail, pourrions-nous hésiter? Ce monument de fer, dont la dépense sera facilement couverte, donnera pour quatre ou cinq millions de travaux à notre industrie nationale?

Enfin, à qui veut-on faire entendre que M. Eiffel, ingénieur, n'a pas le sentiment de l'art aussi développé que les honorables auteurs de la protestation.

A qui veut-on faire dire que les grands ponts du Douro et de Garabit construits par M. Eiffel, et qui font passer des locomotives à des hauteurs vertigineuses que les aigles seuls peuvent atteindre, présentent un cachet artistique moins complet, une réalisation moins grande que le Pont-Neuf par exemple, ce type des ponts solides... à la condition qu'on aille pas lui draguer maladroitement sous les pieds?

Heureusement les protestations sont désarmées, le succès de la tour s'affirme chaque jour. Aujourd'hui M. Eiffel a cause gagnée. Son monument ne déparera pas Paris, il lui donnera un attrait de plus, il contribuera à lui maintenir son titre de grande capitale du monde.

Mais encore, si réellement la vue de cette pyramide gigantesque fait *tache* au milieu du grand Paris, du Paris monumental dont tous nous sommes fiers à égal titre, alors on la déboulonnera pour la transporter ailleurs, au rond-point de Courbevoie, par exemple.

emplacement auquel elle était réellement desti-
née ; et là, faisant suite aux monuments du vieux
Paris, dégagée au milieu d'un terrain libre et non
couvert de constructions, elle attendra patiemment
que les générations qui viendront après nous s'habi-
tuent à sa masse, se fassent à ses proportions extraordinaires et la considèrent comme toute naturelle.

Alors on pourra disposer autour de ce monument
gigantesque de grandes avenues, dont l'avenue de la
Grande-Armée sera l'amorce, et qui rayonneront
autour de l'Arc de Triomphe.

Paris comptera un monument de plus, et un monument qui marquera véritablement une époque, celle
du triomphe définitif du *fer* et de l'*acier* sur les anciens matériaux de construction, sur la *pierre* et sur
la *brique*.

EXPOSITION UNIVERSELLE DE 1889

Le Trocadéro

Le Champ-de-Mars

Les Quais

L'Esplanade des Invalides

CHEMIN DE FER-TRAMWAY
A TRAVERS L'EXPOSITION

Dès l'Exposition de 1878, on avait constaté que l'absence d'un Chemin de fer spécial pour les Visiteurs et les Exposants était une lacune regrettable.

Cette lacune est comblée pour l'Exposition de 1889.

Un petit Chemin de fer demi-circulaire prend son origine sur le quai d'Orsay, près le Ministère des Affaires Étrangères, à la porte de l'Exposition, qui prend le nom de Porte des Invalides.

La ligne traverse l'Esplanade, suit le quai d'Orsay entre les deux rangées d'arbres les plus éloignées de la Seine, avec deux haltes en face de la rue Jean-Nicot et du Palais de l'Alimentation, passe devant la tour Eiffel, où il y a une gare, et arrive, en longeant l'avenue Suffren, à la gare *terminus*, entre la galerie des machines et la Bastille de 1789.

Il y a deux tunnels, l'un de 20 mètres, sous le carrefour du pont de l'Alma, l'autre de 106 mètres, sous le terre-plein devant le pont d'Iéna.

Le service est assuré par 15 locomotives à vapeur, à air comprimé, électriques, et 100 voitures de différents modèles.

Cette ligne, dont l'exploitation a été concédée à la Société Decauville aîné, est à double voie de 0m60 du type Decauville, avec rails d'acier rivés sur traverses en acier, qui a été adopté par le Ministère de la Guerre pour l'armement des forts.

Le prix sera uniformément de 25 centimes pour tout ou partie du parcours; il y aura des trains toutes les dix minutes, depuis neuf heures du matin, jusqu'à minuit.

Le public aura donc à sa disposition 180 trains par jour dans les deux sens.

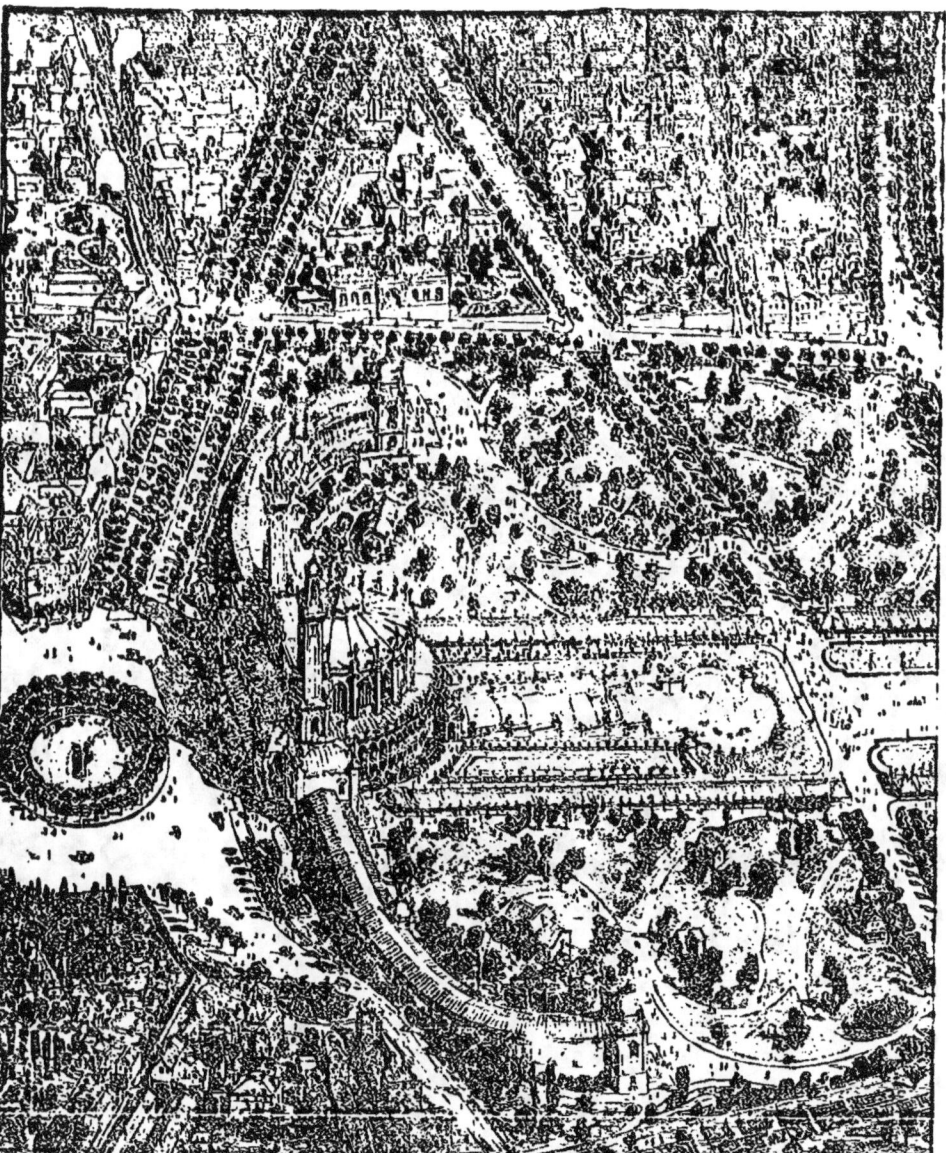

Dessin Robida. — Grande Roue

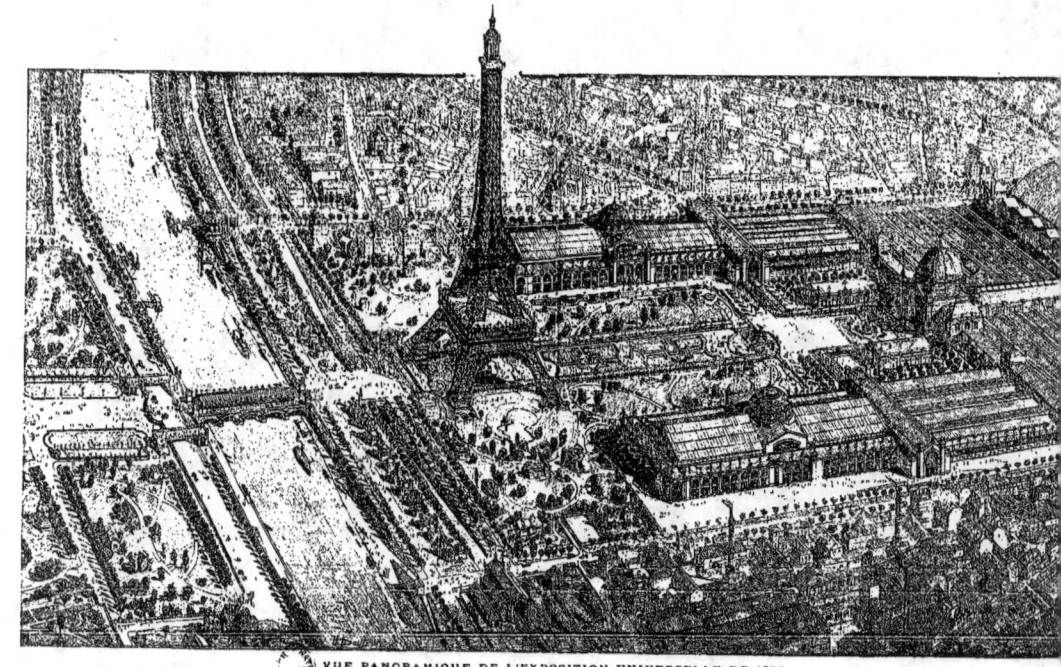

VUE PANORAMIQUE DE L'EXPOSITION UNIVERSELLE DE 1880

d'après le *Monde Illustré*

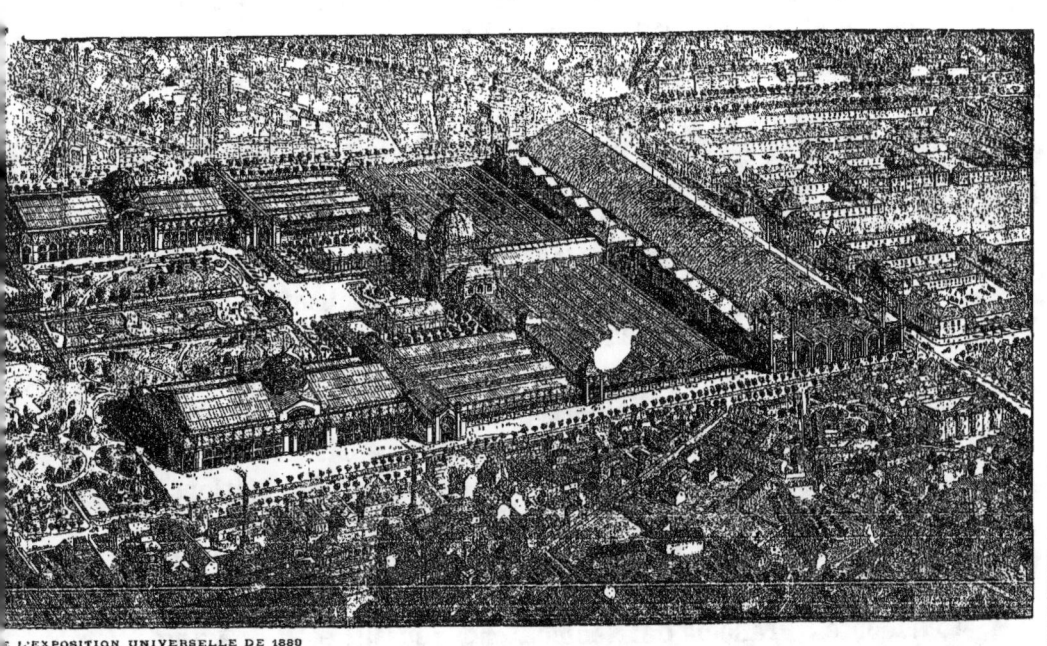

E L'EXPOSITION UNIVERSELLE DE 1880

près le *Monde Illustré*

NOTICE RÉTROSPECTIVE

SUR

LES EXPOSITIONS

L'idée des Expositions de l'Industrie et de l'Agriculture est française; c'est en France qu'elle fut conçue, au sortir des orages révolutionnaires, au moment où notre Patrie se constituait tout entière, et la première du monde, sur la base des idées modernes, et où l'Industrie et l'Agriculture, réunies et étroitement liées par l'unité politique, prenaient un essor nouveau et attachaient pour la première fois ces liens étroits qui devaient faire leur avenir et leur grandeur.

M. Necker, vers 1785, conçut un projet qui, sans être précisément celui d'une Exposition Nationale, contenait en germe l'idée-mère de cette institution. Il ne put réaliser ce progrès avec la France divisée en corporations ou syndicats, avec le commerce livré à la commission, le travail difficile, les routes négligées et les canaux à peine ouverts.

Le Ministre François de Neufchateau reprit ce projet en 1798 et le formula définitivement en Exposition Nationale. Les temps avaient changé : la Révolution avait nivelé les barrières, renversé les séparations des provinces, centralisé le gouvernement, et les corporations avaient disparu dans la tourmente. François de Neufchateau réussit, et il inaugura ainsi la première Exposition, qui eut lieu le 19 septembre 1798.

Depuis cette époque, les Expositions n'eurent pas grand effet.

La France, qui avait laissé échapper l'occasion de prendre l'initiative de ces grandes solennités du monde industriel, voulut du moins ne pas rester longtemps en arrière. L'Empire était restauré; le gouvernement impérial patronnait et suscitait les grandes entreprises industrielles et commer-

2..

ciales, qu'il considérait comme des sources de richesse et comme un dérivatif à la politique. N'ayant pas besoin, comme un gouvernement parlementaire, d'obtenir un vote des Chambres pour agir ou pour faire sanctionner ses actes, il avait moins à compter avec les résistances individuelles. Deux décrets décidèrent, celui du 30 août 1852, qu'une Exposition aurait lieu en 1855 ; celui du 8 mars 1853, que cette Exposition serait Universelle. C'est pourquoi le Palais de l'Industrie, que l'on avait commencé à construire, se trouva, avant même d'être achevé, trop étroit pour l'objet qu'on se proposait, car le nombre des Exposants croissant toujours, fut en tout de 24,000.

La France, voulant ajouter quelque chose au plan de sa devancière, joignit à l'Exposition Industrielle une Exposition des Beaux-Arts : cette innovation caractérisait son génie.

Il y a eu, sous le second Empire, deux autres grandes Expositions Universelles.

D'abord l'Exposition de Londres, en 1862, que les Anglais, après dix ans d'intervalle, renouvelaient pour célébrer en quelque sorte le nouvel ordre de choses, et qui, quoique moins fréquentée par les visiteurs qu'on ne l'avait espéré, offrit cependant la plus belle réunion qu'on eût vue de Produits et de Spécimens de l'Industrie des pays hors d'Europe, et particulièrement des Colonies Britanniques ; puis l'Exposition de Paris en 1867, qui fut décidée au lendemain de la clôture de celle de Londres, sur la demande des Exposants Français.

En 1867, en effet, un Jury spécial fut chargé de juger, non pas les Produits, mais les moyens employés par les producteurs pour organiser le travail et pour assurer, autant que possible, l'harmonie des intérêts et le bien-être des personnes. Cette innovation, qui portait le cachet particulier de l'organisateur de l'Exposition (M. Le Play), était ingénieuse, et quoique le choix des lauréats d'un pareil concours fût très délicat, elle servit une bonne cause, celle du patronage, en l'associant à une grande solennité.

L'Exposition de 1867, qui avait été disposée par le Commissaire général avec un remarquable talent d'organisateur, eut beaucoup plus d'éclat que toutes celles qui l'avaient précédée.

Cependant l'essor ne s'était pas ralenti, et les Expositions Universelles répondaient si bien à certaines tendances du temps présent, que le nombre des Exposants continua à s'accroître : 30,000 en 1862, 52,200 en 1867. Il est juste d'ajouter que les cadres s'élargissaient : on avait fait place, en 1855, aux Beaux-Arts, à l'Agriculture et à l'Enseignement ; en 1862 à l'Enseignement populaire ; en 1867 à l'Histoire du Travail et à l'amélioration de la condition physique et morale de la population.

Après l'Exposition Universelle de 1867, vint celle de Vienne en 1873. La France, qui avait déjà répondu à l'invitation des Anglais, parut en 1873 à l'Exposition de Vienne, et prouva au monde que ses malheurs n'avaient pas anéanti son Industrie.

Trois ans après, elle résolut d'en donner une preuve plus complète en organisant elle-même une Exposition Universelle dont le Gouvernement annonça, par décrets des 4 et 14 avril 1876, l'ouverture pour l'année 1878. C'était précisément le moment où, de l'autre côté de l'Atlantique, les Américains inauguraient à Philadelphie une Exposition Universelle, pour fêter le centenaire de l'Indépendance des États-Unis.

La date était bien rapprochée de 1873, le temps pour se préparer était bien court et l'état de la politique laissait planer quelque inquiétude au sujet de l'accueil que les puissances étrangères feraient à cette proposition.

Cependant l'Exposition de 1878, dont le Commissaire général, M. Krantz, a développé une intelligence si remarquable, s'organisa malgré l'abstention de quelques États ; elle ne réunit pas moins d'Exposants que celle de 1867 : il y en eut 52,835.

Cette Exposition a produit un heureux effet moral en montrant au Monde que la France se relevait par le Travail. Nous devons souhaiter que cette bonne impression dure et se fortifie, et pour cela nous devons donner de nouvelles preuves de notre activité et de la vitalité de notre génie industriel.

Préparons donc avec ardeur l'Exposition de 1889 dans ce dessein et dans l'espérance de la plus entière réussite.

STATISTIQUE DES PRINCIPALES EXPOSITIONS

Exposition de Londres en 1851. — Commencée le 1er mai, pour finir que 141 jours plus tard. — Nombre de visiteurs : 6,039,195. — Recettes : 10,608,060 fr.

L'*Exposition Universelle de Paris, en 1855*, ouvrit le 15 mai et fut close 200 jours après. — Nombre de visiteurs : 5,162,330. — Recettes : 3,202,475 fr.

Exposition Internationale de Londres en 1862. — Du 1er mai; 171 jours. — Visiteurs : 6,211,103. — Produit d'entrées : 10,213,250 fr.

Exposition Universelle de 1867. — Du 1er mai; 217 jours. — Visiteurs : 8,805,991. — Recettes : 10,518,375 fr.

Exposition Universelle de Vienne 1873. — Du 1er mai; 186 jours. — Visiteurs : 6,740,500. — Recettes : 5,161,950 fr.

Exposition de Philadelphie 1876. — Visiteurs : 8,170,000. — Recettes : 9,875,210 fr.

Exposition Universelle de 1878. — Visiteurs : 9,220,000. — Recettes : 11,232,000 fr.

En 1880-1881, *Exposition à Sydney et à Melbourne.*

En 1883, à *Amsterdam.*

En 1885, à *Anvers.*

En 1888, à *Barcelone.*

PRINCIPAUX INGÉNIEURS ET ARCHITECTES

Je rappellerai ici que, fort sagement je le crois, le Ministre du Commerce, Commissaire général de l'Exposition, avait voulu ne se renfermer exclusivement dans aucun des plans accueillis au concours et retenus après sélection. Le plan définitif est, au contraire, formé d'assemblages des meilleures parties des plans de MM. Formigé et Dutert, dont les noms seront désormais associés à celui de M. Eiffel, puisque la Tour de 300 Mètres avait été imposée dans le programme livré au concours.

Le quatuor d'architectes : MM. Eiffel et Sauvestre, Formigé, Dutert, Bouvard, s'impose donc à l'attention publique dans la grande entreprise de l'Exposition de 1889, au même titre que cet autre quatuor de MM. Lockroy, Alphand, Berger et Grison, qui tient la tête dans son organisation.

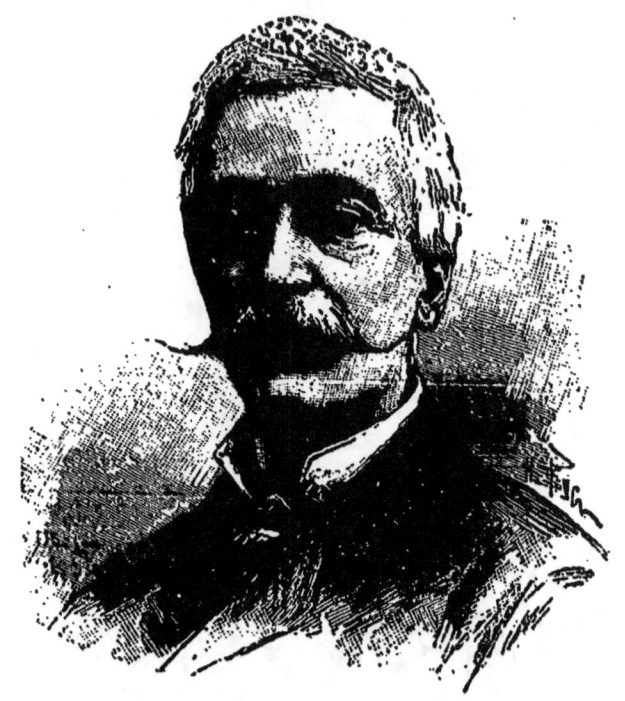

M. ÉDOUARD LOCKROY

Député de la Seine. — Ministre de l'Instruction Publique
et des Beaux-Arts.
Ancien Commissaire général de l'Exposition de 1889

M. Lockroy est né à Paris le 17 juillet 1840.

Ayant fréquenté les célébrités de tout genre qui se réunissaient journellement dans le salon paternel, le jeune Lockroy, doué d'une intelligence précoce et d'une grande vivacité, s'initia de bonne heure aux sentiments élevés qui ressortaient des différentes conversations qu'il entendait.

Il fit en Orient de longs voyages dont il publia des impressions et des souvenirs très intéressants dans diverses Revues.

A son retour il collabora à plusieurs journaux et pendant toute la durée du siège fit vaillamment son devoir de soldat et de citoyen.

Par son brillant mariage Édouard Lockroy fut appelé à vivre dans l'intimité de Victor Hugo. Il venait de conduire le grand poëte au Panthéon, quand eurent lieu les élections du 18 octobre 1885 : le peuple voulut récompenser le député qui lui était si constamment dévoué et par quatre cent mille suffrages le nomma le premier député de France. Cette magnifique élection lui valut de nouveau l'offre d'un portefeuille et il n'hésita pas à choisir le portefeuille du Ministère du Commerce et de l'Industrie, comme étant celui où il pourrait faire passer ses idées de la théorie à la pratique.

Dès son entrée au ministère, M. Lockroy déploya une activité prodigieuse. « C'est un homme terrible, disent quelquefois ses collaborateurs ; il passe à travailler le temps que les autres mettent à manger et à dormir. »

Aussi fallait-il une intelligence si fortement trempée pour mettre sur pied cette énorme affaire de l'Exposition Universelle Internationale de 1889, devant laquelle plusieurs ministres étaient demeurés sans pouvoir prendre de résolutions. Le Conseil Municipal s'étant prononcé, M. Lockroy a obtenu le vote des Chambres : il a formé la Société de garantie, nommé les Directeurs généraux, élaboré le règlement général, formé les Commissions, et prenant lui-même le titre et les fonctions de Commissaire général, il a tenu à assumer la responsabilité pleine et entière de l'Exposition, à en tenir tous les fils dans sa main, et à se charger de la conduire à ses destinées.

Il ne sera certes pas trompé dans ses espérances : car cette colossale Exposition tiendra toutes ses promesses, et ce sera un grand titre de gloire pour M. Lockroy d'en avoir été le promoteur.

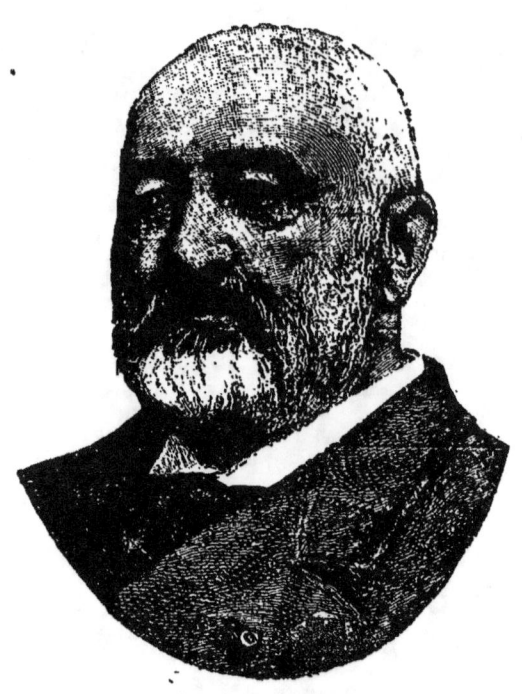

M. ALPHAND

DIRECTEUR DES TRAVAUX DE PARIS

Directeur général des Travaux de l'Exposition de 1889

Né à Grenoble en 1817.

Au sortir de l'École Polytechnique, il fut envoyé à Bordeaux comme ingénieur des Ponts et Chaussées. Ses travaux des Landes de Gascogne, des ports et des chemins de fer le firent apprécier de M. Haussmann, alors préfet de la Gironde, qui vit en lui un précieux collaborateur pour la transformation de Paris.

En 1854, il fut nommé ingénieur en chef des Promenades et Plantations de Paris. C'est M. Thiers qui le nomma par décret directeur des travaux de Paris, lors de l'inauguration de l'Hôtel de Ville. Le gouvernement le nomma grand-officier de la Légion d'honneur.

On connaît les grands services qu'il a rendus dans nos diverses Expositions. Créateur des Jardins et Promenades où la population parisienne trouve aujourd'hui ses plus chers délassements : les Bois de Boulogne et de Vincennes, le Parc-Monceau, les Buttes-Chaumont, les Pelouses de Montsouris et tant d'autres squares et plantations aussi agréables qu'utiles.

Homme d'action, travailleur infatigable, M. Alphand saura mener à bonne fin les travaux de l'Exposition de 1889, sans négliger ceux de la Ville.

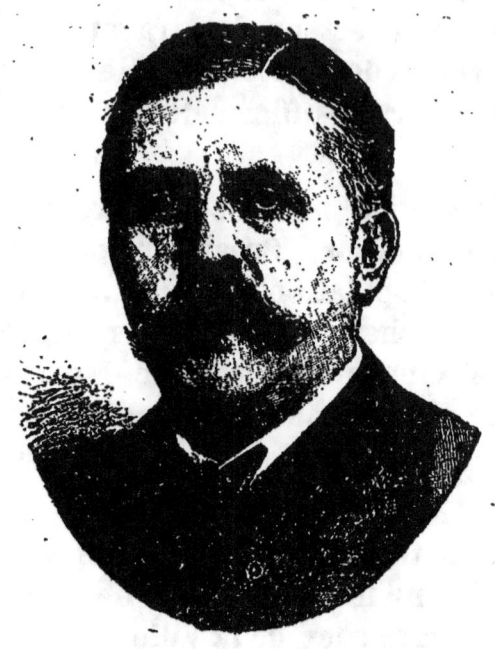

M. GEORGES BERGER

Directeur de l'Exploitation de l'Exposition de 1889

(Phot. Liébert).

———

M. Berger a cinquante-deux ans. Il est ancien élève de l'École des Mines ; attaché d'abord au chemin de fer du Nord, il se consacra plus tard aux Beaux-Arts : il fut critique d'art au *Journal des Débats* et professeur d'esthétique à l'École des Beaux-Arts.

M. Berger a eu aussi sa part de succès dans les

Expositions précédentes : collaborateur de M. Leplay en 1867, il fut chargé en 1878 des sections étrangères. L'Exposition de Melbourne en 1880, l'Exposition des Électriciens en 1881, dont il était le Commissaire général, ont mis en valeur toutes ses qualités et toutes les ressources de son talent d'organisateur : aimé et respecté de tous, adoré de son personnel, il sait obtenir sans effort un concours plein de zèle et d'empressement.

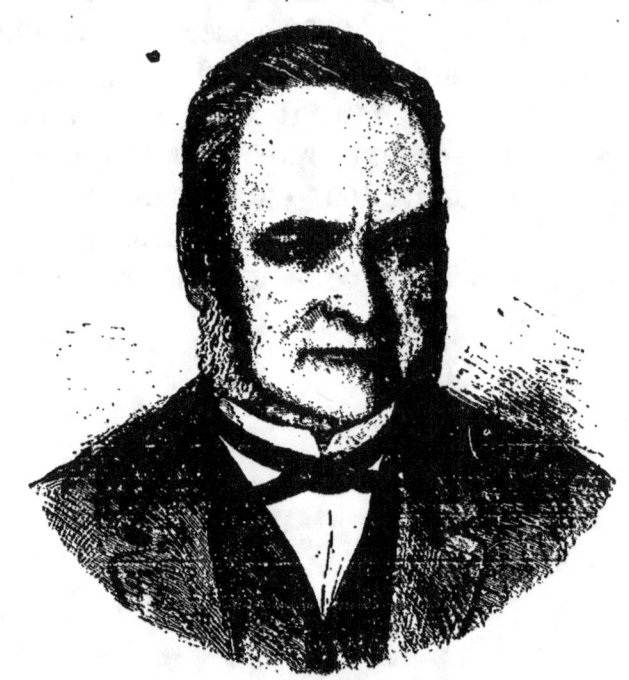

M. GRISON
Directeur des Finances à l'Exposition de 1889
(Phot. Chéron).

M. Grison a suivi tous les degrés de la hiérarchie au Ministère du Commerce et de l'Industrie, y rendant les plus grands services comme directeur du secrétariat et de la comptabilité.

M. Grison a fait ses preuves comme liquidateur des comptes de l'approvisionnement de Paris pendant le siège et des comptes de l'Exposition de 1878. Il a montré dans ces travaux si compliqués une compétence hors ligne et acquis une expérience qui le met à même de remplir son mandat mieux que personne, et justifiera la haute renommée de sa capacité en matière de comptabilité.

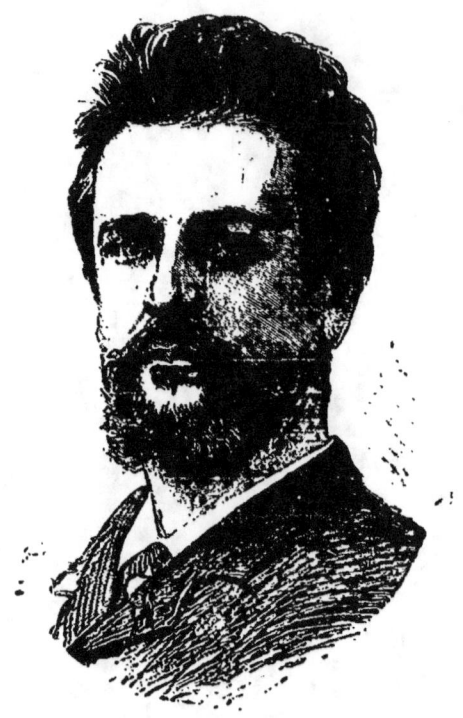

M. FORMIGÉ

*Architecte du Palais des Beaux-Arts
et des Arts Libéraux*

(Phot. GERSCHEL).

———

M. Formigé sort de l'École des Beaux-Arts : il a obtenu diverses médailles aux Salons, et, en 1881, une médaille d'honneur. C'est lui qui a été le lauréat du concours pour le monument commémoratif de 1789 à Versailles.

Depuis dix-sept ans, M. Formigé est dans le service d'Architecture de la Ville de Paris : il est architecte des Promenades et Plantations, chargé du placement des statues et des œuvres d'art dans les promenades publiques ; attaché aux travaux de la Ville de Paris, il a plus particulièrement collaboré à la mairie de Passy et à l'Hôtel de Ville de Paris. C'est lui qui est chargé du monument crématoire en construction.

M. Formigé est un savant archéologue dont le concours est précieux pour la Commission des Monuments Historiques : ses travaux ont porté sur les monuments de divers départements du Poitou, d'Auvergne et de Bretagne.

Pour l'Exposition de 1889, M. Formigé est chargé du Palais des Beaux-Arts et du Palais des Arts libéraux.

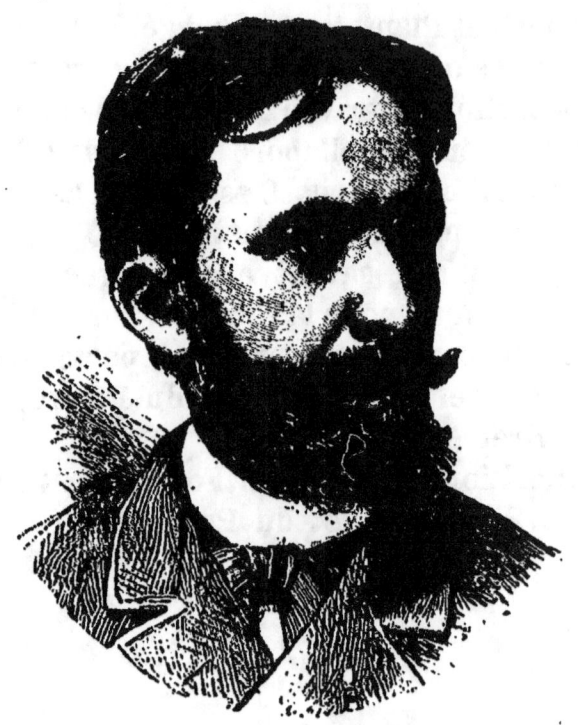

M. DUTERT
Architecte du Palais des Machines
(Phot. GERSCHEL).

M. Dutert est un architecte du plus grand talent. Grand-prix de Rome en architecture, il s'est distingué par la construction d'écoles professionnelles dans le Nord. Il a occupé, sous le Ministère de M. Antonin Proust, les fonctions de directeur de l'Enseignement du Dessin.

Pour l'Exposition de 1889, M. Duter ...t chargé du Palais des Machines.

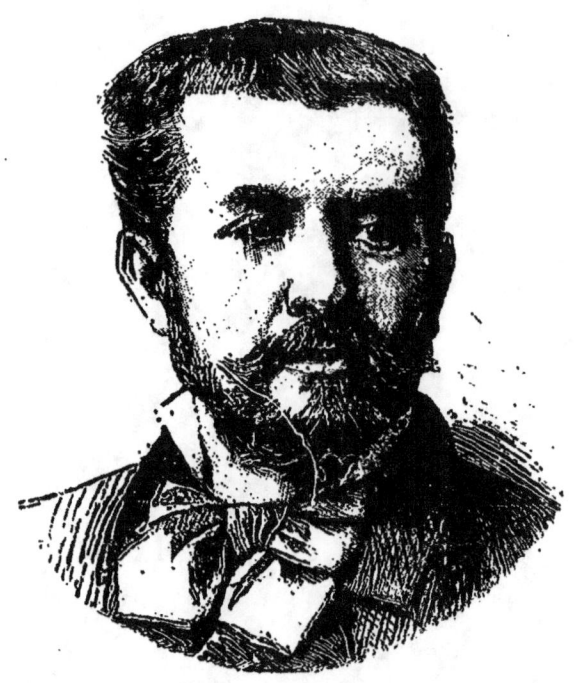

M. BOUVARD
Architecte du Dôme central et du Palais des Industries Diverses.
(Phot. TRUCHELUT).

M. Bouvard n'a pas participé au concours pour l'Exposition de 1889. C'est comme ancien collaborateur de M. Alphand qu'il joue un rôle dans l'édification des bâtiments de l'Exposition Universelle. C'est à ce titre qu'il figure parmi les architectes de l'Exposition et qu'il a sa place marquée dans la notoriété publique. M. Bouvard est un architecte de grande valeur, témoin la confiance qu'il a su inspirer à M. Alphand, qui s'y connaît.

C'est à lui que l'on doit le superbe dôme central qui précède le Palais des Industries Diverses.

EXPOSITION UNIVERSELLE DE 1889

C'est de la terrasse du Trocadéro qu'il faut, pour l'embrasser d'un coup d'œil dans son ensemble, considérer le vaste panorama de l'Exposition de 1889. Au pied du palais, le parc élégant dont les pentes descendent, très rapides, jusqu'à la Seine ; en face, dans l'axe du pont d'Iéna, l'arche immense de la Tour Eiffel entre les deux piliers de laquelle on distingue, à l'extrémité d'un jardin, la masse énorme des galeries industrielles que précèdent symétriquement, à gauche et à droite, les palais jumeaux des Beaux-Arts et des Arts Libéraux et que limite au fond, devant l'École Militaire, ce merveilleux palais des Machines qui restera comme la conception la plus hardie des métallurgistes de notre temps. Un peu partout dans les massifs, au bord de l'eau, sur les chemins, sur les pelouses, des pavillons, des châlets, des kiosques, des palais luxueux, des chaumières rustiques, des fontaines monumentales, des serres, des tentes, des colonnades, une sorte de ville étrange noyée dans la verdure et dans les fleurs, un amoncellement inattendu et pittoresque d'édifices de toutes les époques, de tous les pays, de toutes les dimensions, de tous les styles ; au résumé, l'impression troublante et neuve que le monde moderne est là tout entier avec ses mœurs, ses arts, ses découvertes, les manifestations les plus complexes de sa vie, ses souvenirs, ses espérances.

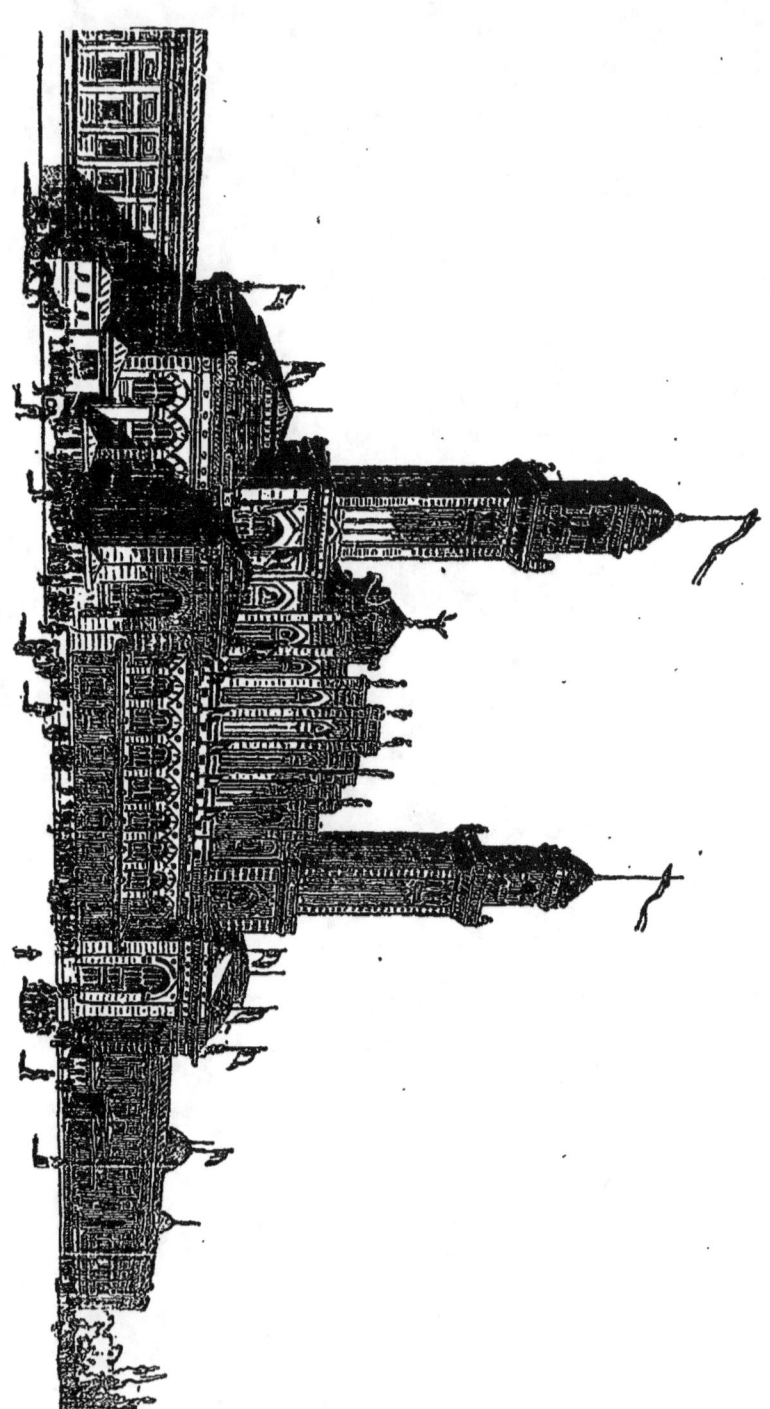

Vue du Trocadéro, du côté de la Place du Trocadéro

3.

LE PALAIS DU TROCADÉRO

Le palais du Trocadéro élevé lors de l'Exposition de 1878, est l'œuvre des habiles architectes Davioud et Bordais. Bâti sur une éminence, il est, comme architecture un mélange de tous les styles. Il se compose d'un édifice central, construit en rotonde, avec colonnade et surmonté d'une statue de la Renaissance par *Mercier*, et de deux galeries en hémicycle soudées et reliées à la partie centrale par deux tours et des pavillons.

La partie centrale renferme la grande salle des Fêtes, utilisée aujourd'hui comme salle de Concerts. La scène peut contenir quatre cents musiciens. Dans le fonds s'élèvent de magnifiques orgues construites par MM. Cavalier-Col. La salle contient 4,500 personnes.

On peut monter dans les tours, qui ont une hauteur de 45 mètres, au moyen de deux ascenseurs construits par M. Edoux.

L'aile gauche du palais renferme aujourd'hui le Musée de Sculpture ; l'aile droite qui sert à des Expositions provisoires d'antiquités provenant du palais de Compiègne, renferme de curieuses sculptures d'édifices gigantesques construits par les Khmers, peuple du Cambodge.

Les galeries du premier étage sont occupées par le musée d'Ethnographie, armes, ustensiles et manequins d'Australie, etc.

Du côté du parc du Trocadéro s'ouvre à droite la *Salle d'Europe* consacrée à l'Ethnographie de l'Europe et spécialement de la France ; on y voit notamment la reproduction d'un intérieur de ferme dans le Finistère, un jour de noce, et de curieux spécimens de costumes.

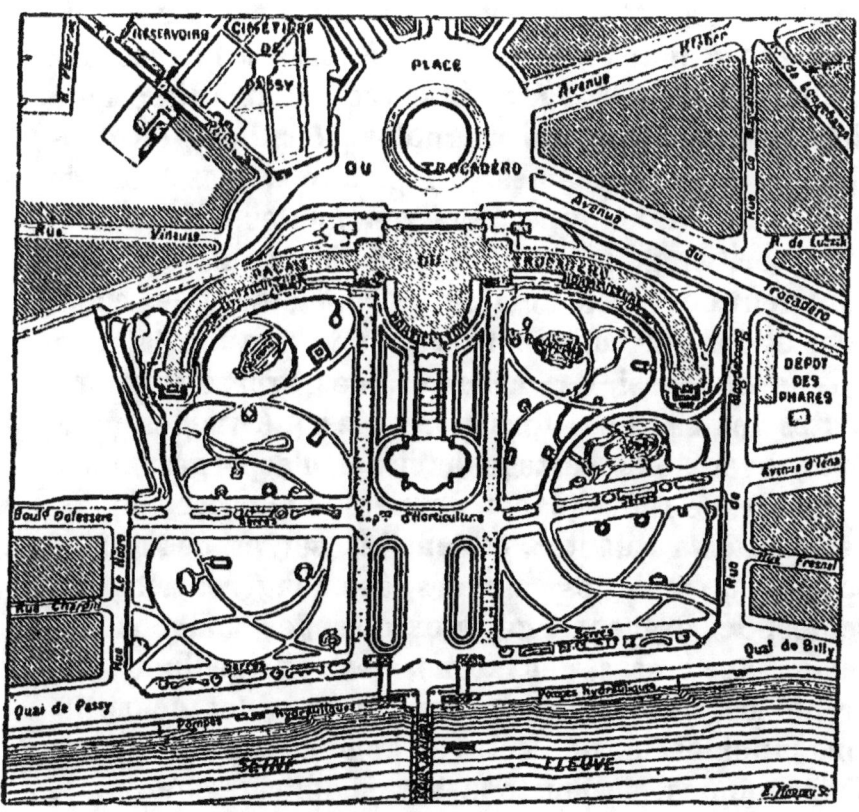

EXPOSITION UNIVERSELLE DE 1889. — PLAN DU TROCADÉRO.

LE PARC DU TROCADÉRO

Les galeries du Trocadéro entièrement occupées par le musée des Moulages et le musée d'Ethnographie conserveront leur destination actuelle. Le parc, créé en 1878, par M. Alphand, sera également respecté dans ses grandes lignes. Il est réservé à l'exposition d'Horticulture, à ces admirables collections de rosiers, de rhododendrons, de magnolias, d'œillets, de dahlias, de chrysanthèmes, de pivoines, d'azalées, de géraniums, de tulipes, de renoncules, de reines-marguerites, de résédas, de cyclamens qui sortent si rarement des jardins où leurs propriétaires les cultivent et les perfectionnent avec une passion jalouse. Il y aura aussi des arbustes, des arbres fruitiers, toutes les essences forestières, les inévitables potirons, avec leur cortège habituel d'asperges monstrueuses, de radis géants, de melons microscopiques, de tomates rutilantes, et dans les serres des raisins au mois de mai, des palmiers, des fougères arborescentes, des dracenas, des gloxinias, des bambous, des cactus, des musas, des ixoras, des cypripediums, des orchidées, des « carnivorous plants », des échantillons innombrables de cette étrange et capiteuse flore des tropiques, si robuste là-bas, si délicate chez nous, enfin peut-être un spécimen unique en Europe de la *Victoria regia* la nymphéacée gigantesque de la Guyane et du Brésil septentrional dont les feuilles forment des disques orbiculaires de deux mètres de diamètre, assez résistants pour supporter le poids d'un homme.

Le parc ainsi transformé ne pouvait être encombré d'édifices. On y construit cependant quelques pavillons destinés au Ministère des Travaux Publics, à l'administration des Forêts, à un restaurant, à une brasserie ou à des expositions spéciales. Par deux petites tourelles situées en face des portes du palais, on descendra dans les champignonnières abandonnées qui s'étendent sous le Tracadéro et qu'un groupe de naturalistes et d'ingénieurs s'occupe à transformer en musée géologique ; on verra là des galeries de mines, les stratifications successives de notre globe, des minerais, des fossiles, toutes les surprises d'un voyage au centre de la terre.

Quant à l'Aquarium, plus familier aux Parisiens qui, le dimanche, viennent en excursion à Passy, qu'aux pisciculteurs de profession, il ne sera pas déplacé, mais embelli, restauré et repeuplé.

PAVILLON DES FORÊTS

Nous engageons les visiteurs à se reposer au joli chalet de l'Exposition forestière. C'est la forêt de Fontainebleau qui fournit ses arbres séculaires pour la construction qui est tout en bois absolument au naturel et non poli ni vernissé comme était le chalet de l'Exposition de 1878.

La façade est faite de panneaux formés par l'assemblage de bois non écorcés, différents de forme et de de couleur. Toutes les essences connues et qui poussent dans la forêt de Fontainebleau y sont employées concurremment : des rondins de pin, de bouleau, de peuplier, de chêne, de hêtre, d'épicéa, de tremble, d'ypréau, de d'érable, de micoulier, etc., y sont juxtaposés et forment la plus grande diversité dans l'aspect général.

Aux quatre coins de la construction se dressent quatre portiques bien nouveaux. Les colonnes avec leurs fûts, leurs socles et leurs chapiteaux sont entièrement formées de chênes séculaires non écorcés, les fonds et la voussure sont formés de bois naturel, d'essences et d'écorces diverses qui donnent une tonalité neuve et bien curieuse. La passion du naturel y est poussée à tel point que certains arbres sur lesquels ont poussé des champignons parasites y sont employés avec leurs cryptogames. Les interstices dans les panneaux y sont remplis avec de la vraie mousse.

C'est l'État qui a fait les frais de cette charmante

construction qui s'élève à 110,000 francs. M. de Gayffier, conservateur des Forêts à Melun, a été chargé par le ministère de régler tous les détails de cette œuvre importante entre toutes, tant par ses dimentions que par son but national. Le pavillon couvre en effet une superficie de 43 mètres sur 37 et atteint la hauteur de 20 mètres. Cinquante ouvriers ont été occupés dans la forêt pendant quatre mois à débiter les 1,800 mètres cubes nécessaires.

Les soins qui ont été apportés à la construction du pavillon par M. Leblanc, architecte et M. Lecœur, entrepreneur, ont permis d'installer notre exposition forestière unique en Europe comme richesses et études, dans un local original et digne de nos belles forêts françaises.

LE CHAMP DE MARS

Une passerelle, qui laisse libre la route de Versailles, relie au parc du Trocadéro le pont d'Iéna et le Champ de Mars. Cette passerelle franchie, le pont traversé, voici, sur le ruban du quai d'Orsay que limitent les avenues de Suffren et de la Bourdonnais, un village extraordinaire où les différents types de l'habitation — depuis les grottes et les cités lacustres de l'âge de pierre jusqu'aux magnificences sculpturales de la Renaissance ont été réunis. Tous les peuples disparus, ceux qui sont définitivement morts comme ceux dont nous subissons encore à travers

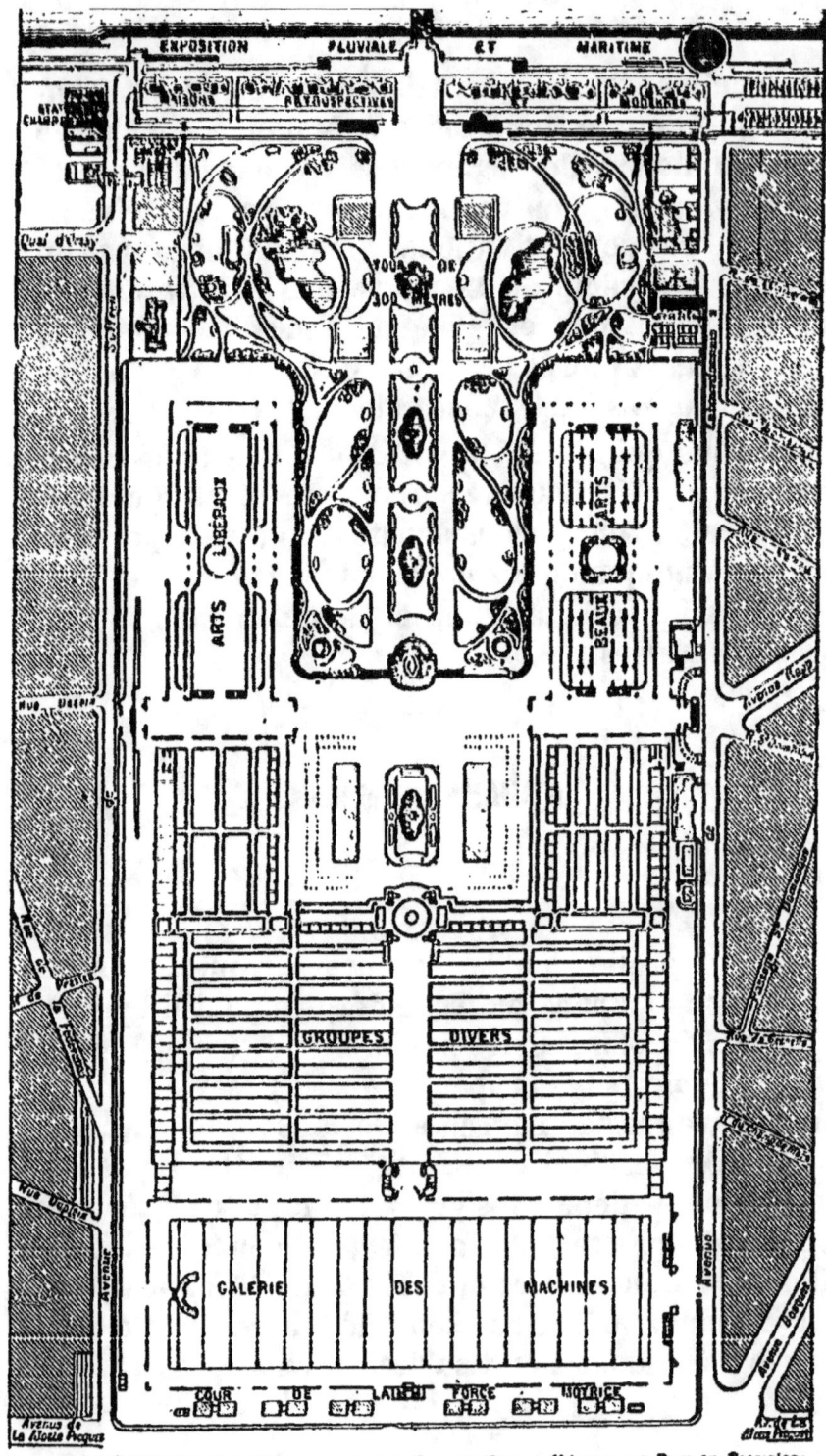

EXPOSITION UNIVERSELLE DE 1889. — Plan du Champ-de-Mars — Voir page 610 Plan du Trocadéro

les siècles la féconde influence, les Chinois, les Japons, les Égyptiens, les Assyriens, les Babyloniens, les Phéniciens, les Pélasges, les Étrusques, les Argyens, les Persans, les Hellènes, les Gaulois, les Germains, les Romains, les Huns, les Francs, les Byzantins, les Slaves, les Arabes, les Maures, les Turcs, auront là un domaine autonome, meublé, entouré d'arbres et de verdure et, dans la mesure du possible, habité qui marquera la limite exacte de leur civilisation, de leurs efforts vers le progrès.

Immédiatement après cette cité merveilleuse, œuvre d'érudit et d'artiste dont la réalisation a été confiée à l'architecte Charles Garnier, la Tour se dresse si fine et svelte, si parfaitement proportionnée malgré ses dimensions colossales, qu'elle n'écrase aucun des monuments au-dessus desquels s'élance la flèche vertigineuse. Tout le monde sait aujourd'hui que ce « clou » gigantesque pèsera sept millions de kilogrammes et mesurera, à la base du paratonnerre, cent vingt et un mètres de plus que la tour de Washington, soit, exactement, deux cent quatre-vingt-seize mètres. Il n'y a pas, à l'heure présente, un Parisien qui, par un beau dimanche, ne soit allé flâner, le nez en l'air, au pied des piliers de la Tour; les étrangers commencent par elle leur visite aux curiosités de la capitale; sir Cook y conduit quotidiennement d'immenses breaks bondés d'Anglais et, le samedi, les noces qui ont fait consciencieusement la promenade classique des lacs et celle du Jardin d'Acclimatation, y viennent en pèlerinage, les unes en landau et les autres à pied.

Et tandis que les profanes admirent l'énormité de

la masse ou le pittoresque enchevrêtement des pièces
métalliques, les hommes du métier louent sans réserve la belle organisation du chantier, la marche régu-
lière et sûre, la parfaite ordonnance des travaux.

Pour vastes que soient les galeries destinées à
recevoir les expositions des industries diverses, elles
n'ont pu abriter les étrangers nombreux et les Français plus nombreux encore qui demandaient à présenter au public leurs produits. Il a fallu semer dans
le parc, au milieu duquel s'élève la Tour Eiffel, une
infinité d'édicules de toutes tailles et de toutes formes
pour y loger le Brésil, la République Argentine, le
Mexique, le Vénézuéla, le Chili, la Bolivie, l'Urugay,
la Guatemala, Costa-Rica, la République Dominicaine,
Haïti, Salvador, le Honduras, la Colombie et aussi
quelques expositions particulières qui, comme le
globe terrestre au millionième de MM. Villard et
Cottard, n'avaient pas leur place dans les galeries.

Derrière cette agglomération de constructions exotiques, en face de la gare du Champ de Mars, le
palais des Arts Libéraux construit, comme le palais
des Beaux-Arts, par M. l'architecte Formigé. L'entrée du palais des Arts Libéraux s'accuse par deux
porches donnant sur le jardin anglais et dans l'édification desquels l'artiste a recherché, par le choix des
matériaux, par l'opposition raisonnée de la terre
cuite et de la céramique dorée, un effet de coloration
tout à la fois chaude et discrète.

Le palais est en fer. L'architecture métallique ne
donnant pas de « masses », M. Formigé a supprimé
cet inconvénient en construisant en maçonnerie les
dormants des porches, les pavillons d'angles et les

pignons qui bordent la galerie Rapp. Grâce à cet emploi judicieux de la maçonnerie, le palais des Arts Libéraux pourra être conservé après l'Exposition.

En 1889, il recevra les Expositions du Ministère de la Justice, du Ministère de l'Intérieur, du groupe de l'Éducation et de l'Enseignement (c'est-à-dire l'Imprimerie, la Librairie, le Matériel scolaire, la Papeterie), le Matériel de la Peinture et du Dessin, les Photographies, les Instruments de Musique, les Appareils de Médecine et de Chirurgie, les Instruments de précision, les Cartes et les Plans de la section Anthropologique, de l'histoire rétrospective du travail ; enfin, dans les bas-côtés voisins de l'avenue de Suffren, celles de la Serbie, de la Grèce et de la République de Saint-Marin, — les bas-côtés en bordure du jardin étant occupés par des « Restaurations » diverses.

Pour installer convenablement les dessins, les reproductions, les réductions et les scènes caractéristiques dans lesquelles les organisateurs de cette curieuse reconstitution du passé se proposent de faire revivre l'histoire rétrospective du travail et des sciences anthropologiques, M. Paul Sedille, architecte en chef du service de l'exploitation, a construit un palais en bois dans le palais en fer de M. Formigé.

Quatre espaces découverts y ont été ménagés pour les pièces de grandes dimensions, dont l'ensemble reconstituera l'histoire des créations du génie humain depuis les engins les plus primitifs et les plus rudimentaires jusqu'aux productions les plus récentes et les plus parfaites de la Science contemporaine appliquée.

3..

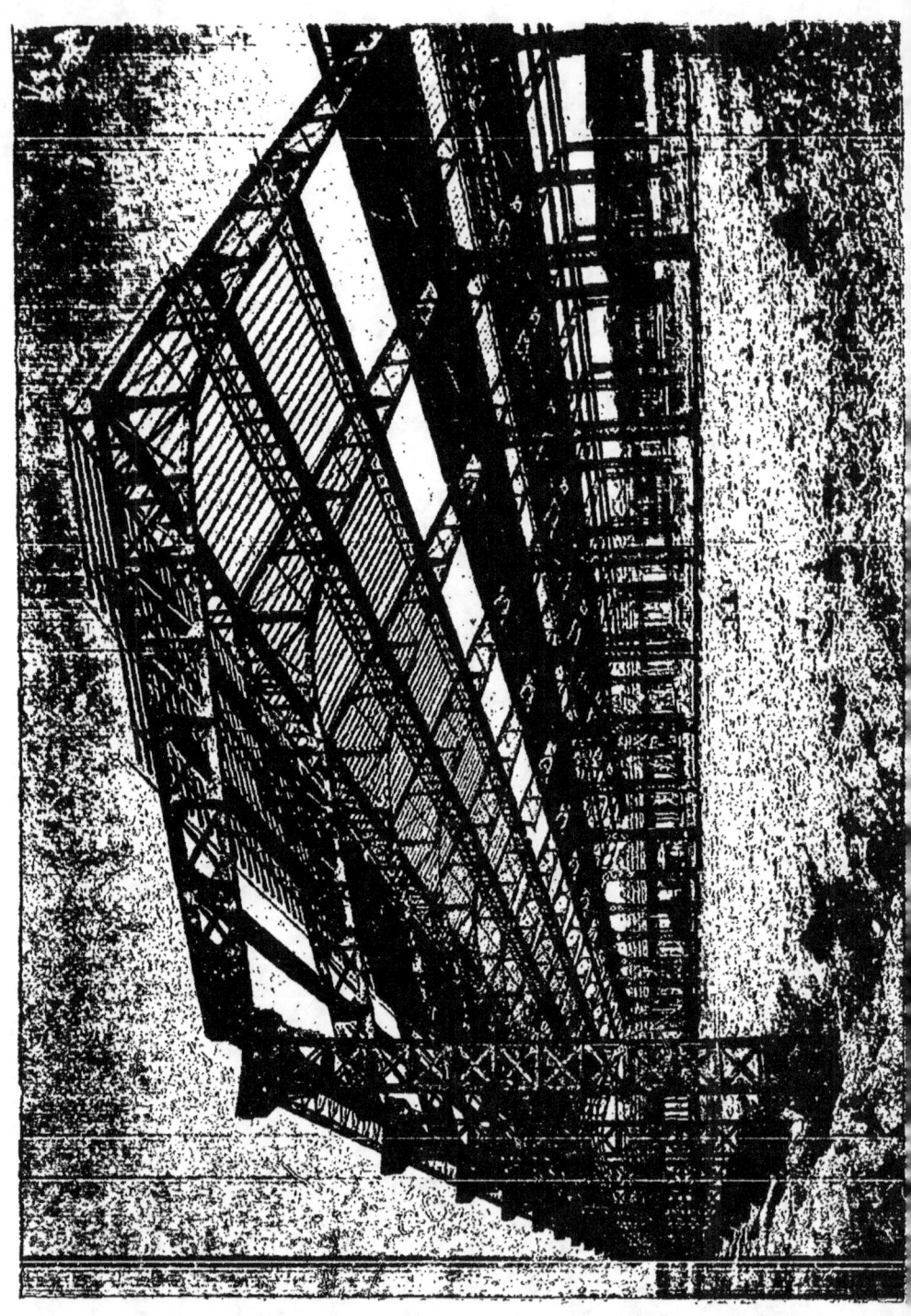

VUE D'ENSEMBLE DES FERMES MÉTALLIQUES (Bulletin Officiel de l'Exposition de 1889

Un étage formant terrasse règne sur le pourtour
intérieur de cette galerie. Les objets que leur légèreté permettra de ne point placer sur le sol du rez-
de-chaussée, mais dont les dimensions et la nature
exigeront un certain développement, y seront exposés. Les visiteurs accèderont au premier étage par
deux escaliers monumentaux placés au centre du
Palais, sous le dôme, et par huit ponts qui relieront
ces escaliers au balcon de cinq mètres, dont la rampe
se développe sur le pourtour externe de la nef.

A voir cette construction à la fois si gracieuse, si
élégante, si commode — qui restera d'ailleurs comme
une des créations les plus heureuses de M. Sedille —
on sent qu'elle a été conçue par un artiste d'un goût
raffiné, très pratique et singulièrement habile à utiliser les ressources multiples que l'industrie moderne
tient à la disposition des architectes.

Le Palais des Beaux-Arts donne du côté opposé à
la Seine, dans un hall immense où seront rassemblés
les instruments de musique, et qui s'ouvre lui-même
sur les galeries des Expositions diverses.

Ces galeries sont disposées les unes perpendicu-
lairement, les autres parallèlement au fleuve. Toutes
les galeries perpendiculaires appartiennent aux sections étrangères et forment deux groupes distincts,
séparés par les jardins anglais dans lesquels s'élèvent
les pavillons de la Ville de Paris, et qui descendent
en pentes insensibles de la façade des galeries parallèles jusque sous les piliers de la Tour Eiffel. La
masse des galeries parallèles est également partagée
suivant l'axe du Champ de Mars par un vaste prome-
noir central que limite, en avant, un dôme majes-

tueux, en arrière, la principale porte d'entrée du Palais des Machines.

Les trois galeries perpendiculaires mitoyennes de la salle des Instruments de Musique, seront occupées par l'Italie, la Suisse, les États-Unis, l'Espagne, le Portugal, le Luxembourg, la Norwège et le Japon. La Russie s'installera dans la première galerie parallèle, et après elle successivement les Industries françaises dans l'ordre suivant : Coutellerie, Orfèvrerie, Céramique, Cristaux, Meubles, Étoffes d'Ameublement, Tapisseries, Papiers points, Parfumerie, Maroquinerie, Horlogerie, Bronzes d'Art, Appareils de Chauffage et d'Éclairage.

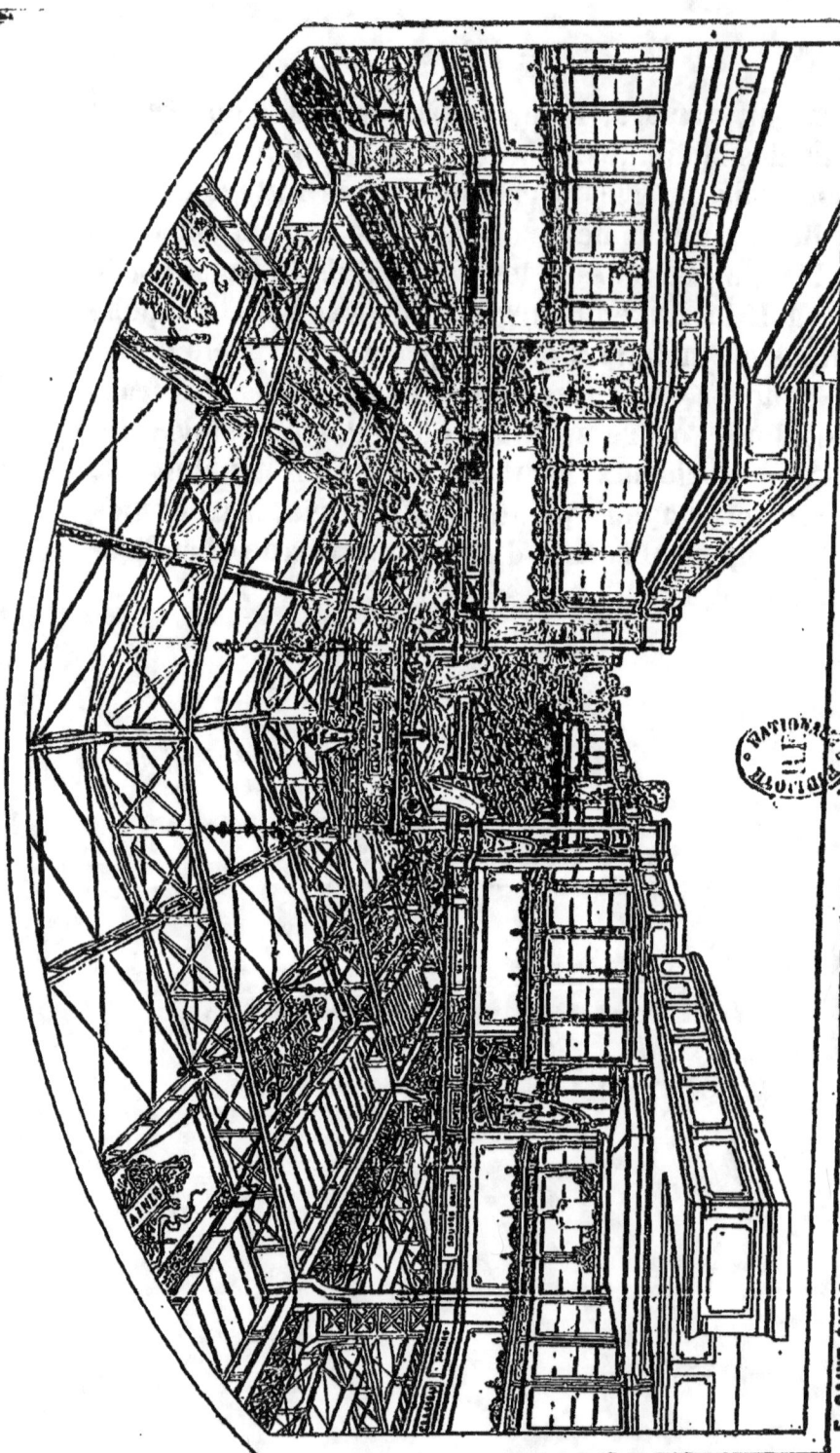

E. SAINT-PIERRE

GALERIE INTÉRIEURE DES EXPOSITIONS DIVERSES

D'après le Bulletin Officiel de l'Exposition de 1889

LE PAVILLON DE LA PRESSE

Le Pavillon de la Presse, charmant et d'un goût délicieux, est construit d'une manière sérieuse et aussi agréable qu'intelligente « *Utile Dulci.* » C'est M. Vaudoyer, le savant architecte, qui en a conçu le projet et en a suivi toutes les constructions.

Des salles nombreuses et bien distribuées, un cercle, la poste, le télégraphe, le téléphone, tout est groupé pour faciliter les relations et le travail de nos confrères de province et de l'étranger qui viennent faire leur visite à l'Exposition.

La décoration intérieure et extérieure en est sobre et aimable. Sous le porche, deux ravissants panneaux en céramique d'art, que nous sommes heureux de reproduire ici, donnent à songer aux visiteurs.

L'un personnifie la *Critique*, une jeune et charmante Critique féminine couronnée de houx et venant d'écrire sur un parchemin le malicieux conseil « *Unguem time.* »

Avec un égal talent, l'autre idéalise la *Pensée* dans toute son inspiration et toute sa poésie.

Ces deux panneaux, hauts chacun de près de trois mètres, font grand honneur à la maison G. Mortreux, qui a choisi un maître, tel que M. Lionel Royer, pour en composer les cartons, et les a ensuite si admirablement exécutés sur faïence en émaux grand feu.

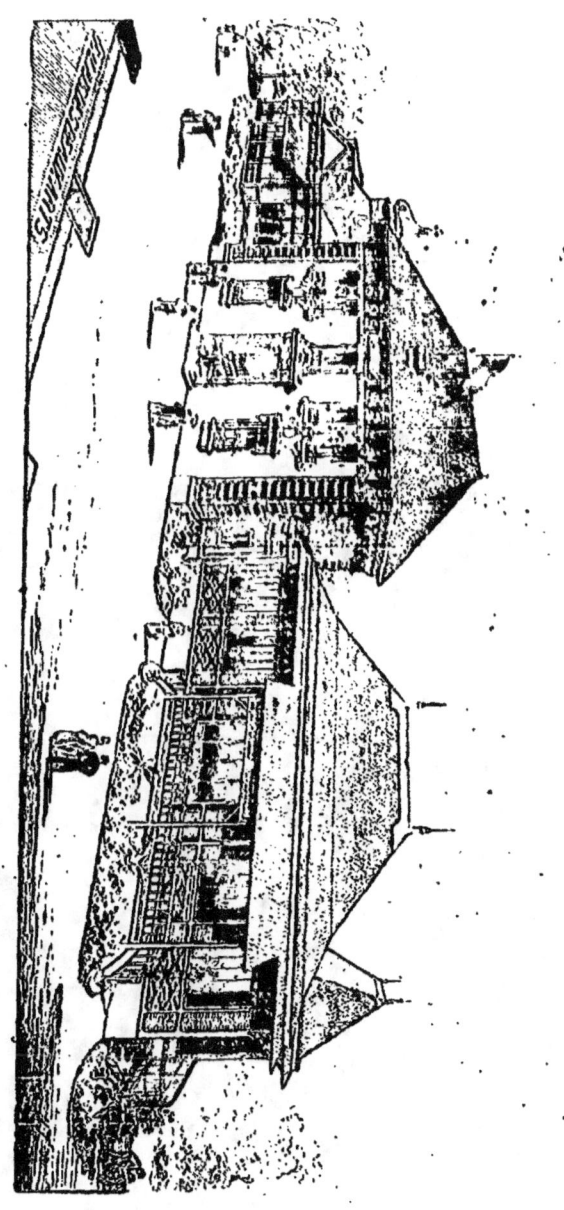

Vue du Pavillon de la Presse

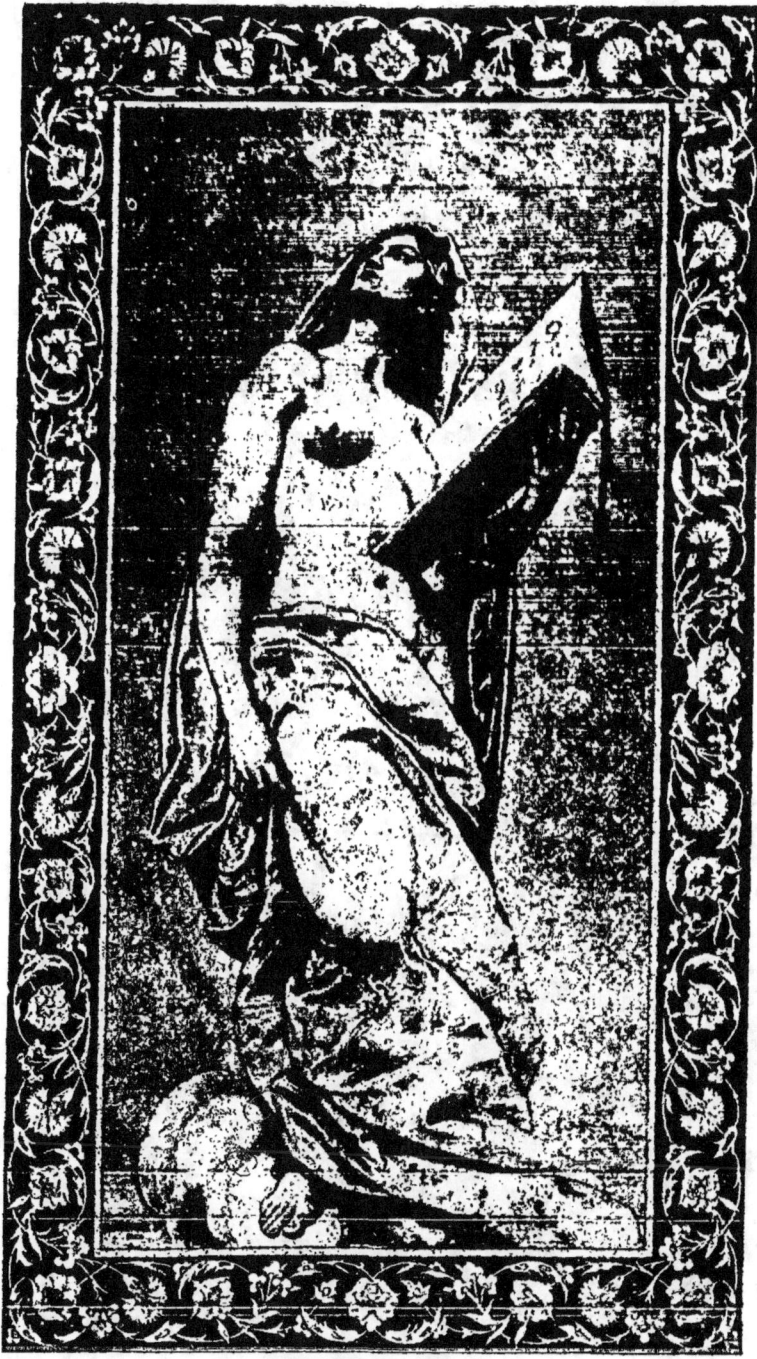

LA PENSÉE

Panneau décoratif du Pavillon de la Presse, exécuté en Émaux
cloisonnés sur faïence grand feu par la Maison G. MORTREUX (Paris)

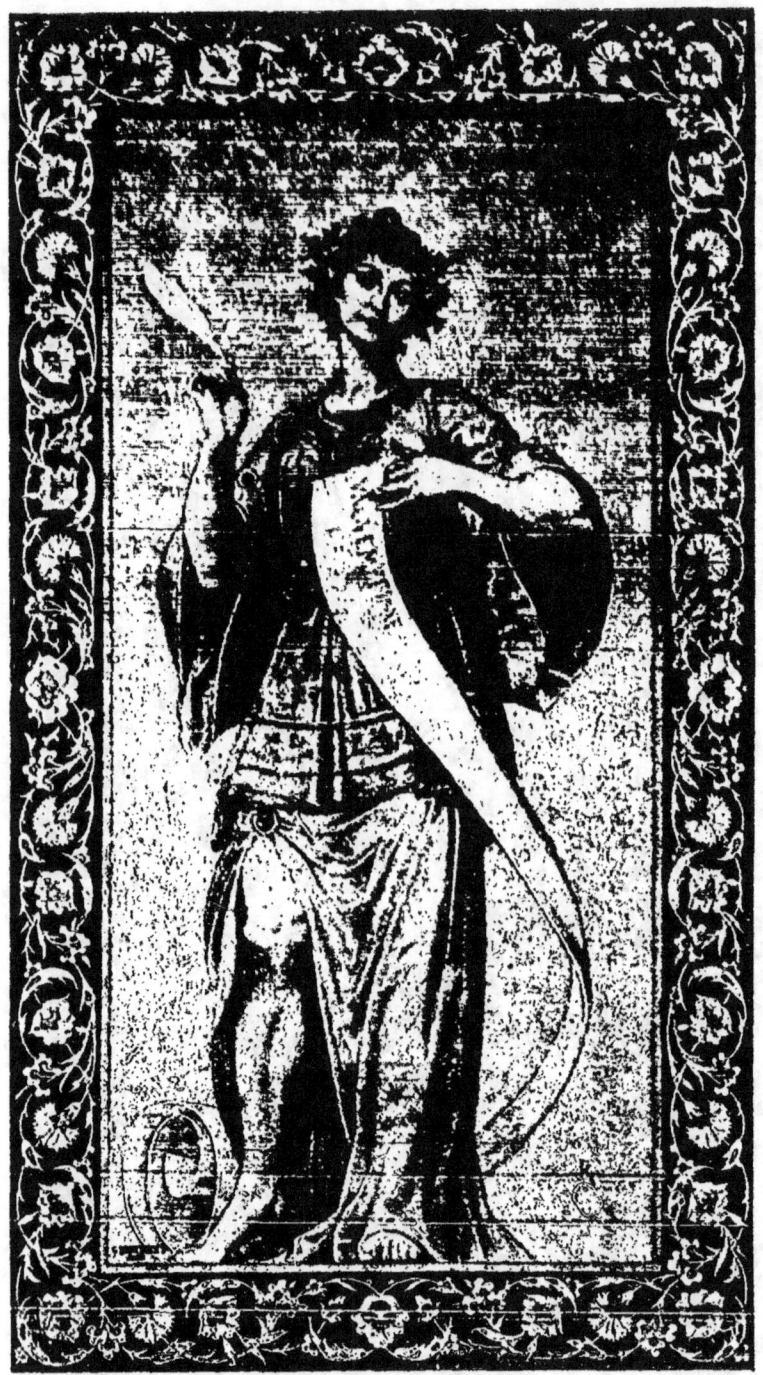

LA CRITIQUE

Panneau décoratif du Pavillon de la Presse, exécuté en Émaux
cloisonnés sur faïence grand feu par la Maison G, MORTREUX (Paris).

LE PALAIS DES MACHINES

Pour abriter les merveilleuses inventions, les machines colossales que la Science a créées depuis notre dernière exposition universelle, il fallait élever un palais qui fût à la fois digne de recevoir les premières et capable de contenir les secondes : il fallait faire énorme et beau, c'est-à-dire qu'il fallait résoudre un problème pour ainsi dire insoluble.

Cette chose impossible, sous la haute et remarquable direction de M. Alphand, nos architectes et nos ingénieurs l'ont tentée et, aujourd'hui, ce qui paraissait n'être qu'un rêve irréalisable, est un fait accompli. M. Dutert, l'éminent architecte, et les trois ingénieurs dont nous donnons les portraits, ont fait ce tour de force, ont exécuté ce chef-d'œuvre de la construction en fer. L'ingénieur en chef est M. Contamin, ingénieur de la Compagnie du Nord, professeur à l'École centrale des Arts et Manufactures ; ses deux collaborateurs sont MM. J. Charton, qu'il s'est adjoint comme second ingénieur en chef, et Pierron, comme ingénieur ordinaire.

Le Palais des Machines a plus de 420 mètres de longueur. Sa gigantesque charpente est constituée par une série de fermes métalliques, dont la portée est de 110 mètres 60.

Jamais pareille dimension n'avait été atteinte : les fameuses fermes métalliques de la gare de Saint-Pancras, à Londres, les plus grandes qui eussent été construites jusqu'à ce jour, n'ont que 73 mètres d'ouverture. Les nouvelles fermes présentent, en outre, cette double particularité : elles n'ont pas de tirants et elles sont articulées, appuyées sur des pivots à la base comme au sommet.

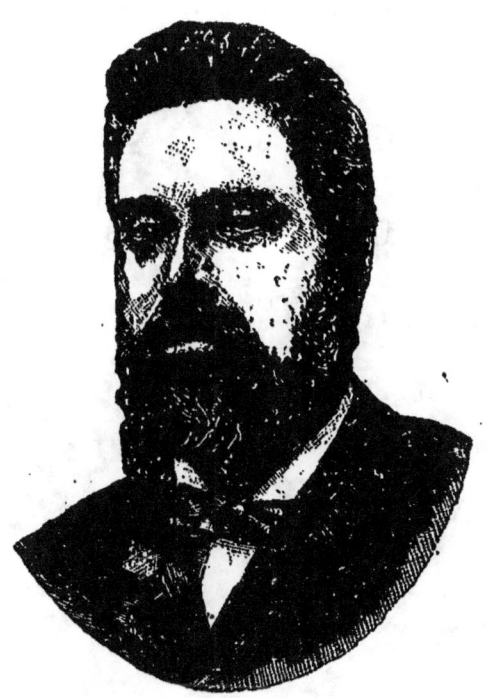

M. CONTAMIN, Ingénieur en chef
(Phot. CLEROY).

Leur hauteur, au sommet, est de 48 mètres. Elles pourraient abriter l'Arc de Triomphe de l'Étoile ! Mais tout, dans cette admirable construction est si bien proportionné, que l'on ne s'aperçoit réellement de la hauteur de ces fermes que lorsqu'on se trouve sur leur faîte. Nous donnons donc une vue, prise du sommet d'une ferme afin que nos lecteurs puissent se faire une idée exacte de l'impression de grandeur qu'ils éprouveront en visitant cet immense vaisseau de fer.

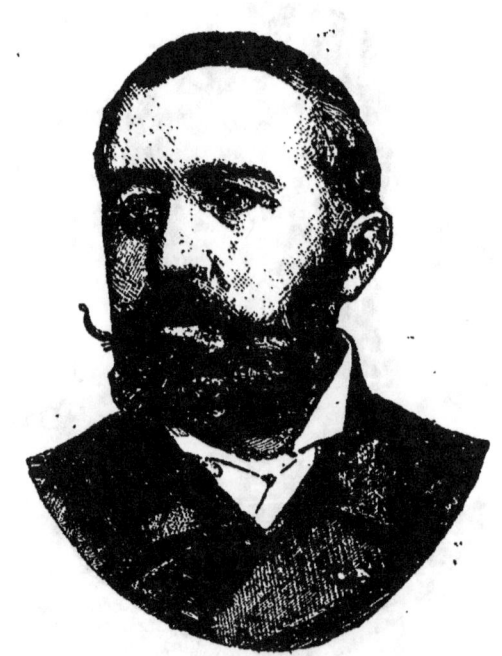

M. CHARTON, Ingénieur en chef adjoint
(Phot. BAMBOCHE).

On conçoit aisément les difficultés que présentait le montage de ces fermes. Ces difficultés ont été vain-

cués de façon différente par les deux soumission-
naires, la Compagnie de Fives-Lille et la Société des
Anciens Établissements Cail.

Le système employé par la Compagnie de Fives-
Lille est fort original et fort rapide. L'Ingénieur de
cette Compagnie, M. Lantrac a imaginé un échafaudage qui se compose de trois grands pylônes. Ceux-ci,
montés sur galets et se mouvant avec facilité, malgré

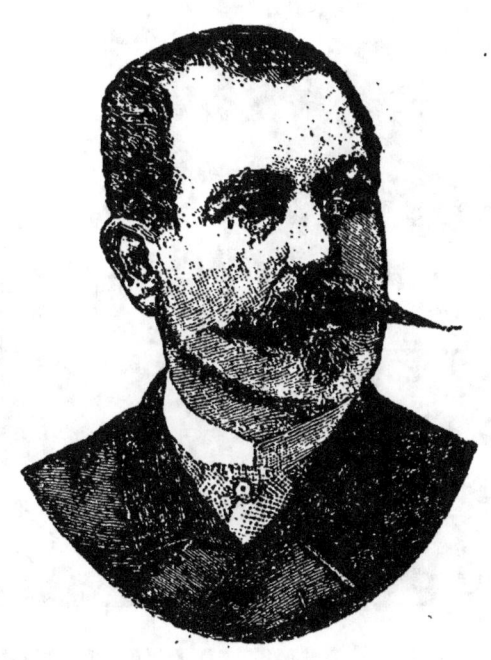

M. PIERRON, Ingénieur
(Phot. G. Blanc).

leur dimension, permettent de monter chaque ferme
en quatre tronçons pesant chacun près de 50 tonnes.

On assemble d'abord et on rive sur le sol les morceaux constituant les quatre tronçons. On procède ensuite à la « mise au levage de côté », c'est-à-dire qu'on soulève les piliers des deux pieds au moyen de puissants palans, en les faisant pivoter autour de l'articulation inférieure.

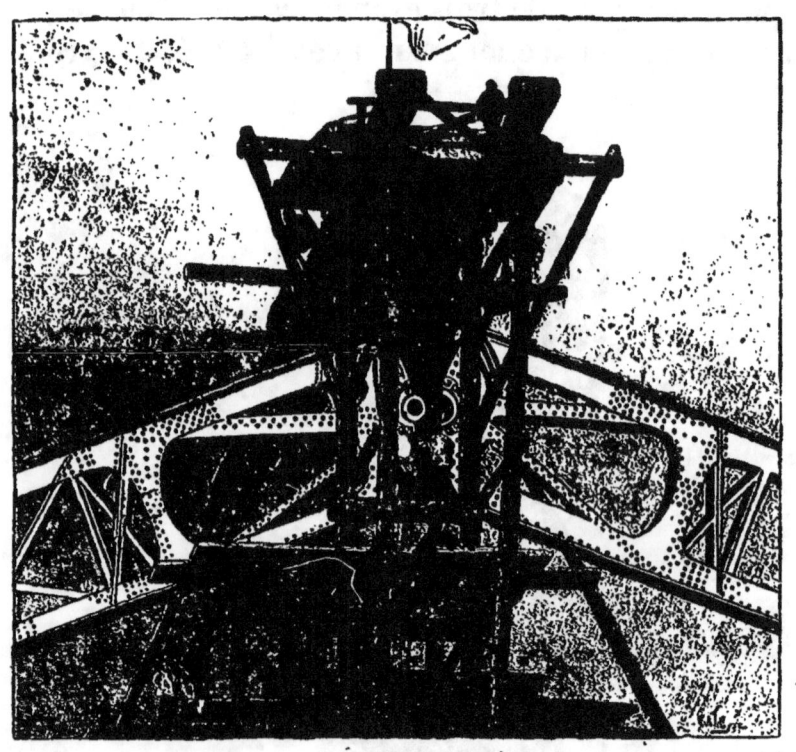

ASSEMBLAGE DU SOMMET D'UNE FERME
(d'après *Le Monde Illustré*)

Quand ces deux masses métalliques sont mises en place dans leur position verticale, on procède à la « mise au levage du milieu », c'est-à-dire qu'on élève les deux tronçons de la partie médiane jusqu'à ce qu'ils atteignent le sommet de l'échaffaudage. Cette opération exige une précision mathématique et une véritable perfection dans tous les engins du levage.

La vitesse ascentionnelle de ces tronçons, malgré leur poids considérable, est de 10 mètres environ par heure : une fois les pylônes mis à l'emplacement voulu, il suffit donc de quelques heures pour élever dans les airs et faire ressembler à de légères armatures, ces pièces de fer, d'un aspect si lourd quand elles gisent sur le sol.

La Société des Anciens Établissements Cail procède différemment; au lieu d'assembler sur le sol les pièces entrant dans la construction des divers tronçons des fermes, elle les assemble par petites fractions ne dépassant pas trois tonnes environ, sur un plancher continu formant cintre, supporté par sept pylônes ; sur ce cintre sont installés tous les appareils et engins de levage dont les dispositions, ainsi que l'échafaudage lui-même, ont été étudiés par M. Barbet, l'ingénieur en chef de la Société.

Pour donner une idée de la rapidité avec laquelle marchent les travaux, disons que le montage sur place a été commencé au mois de mai et terminé fin septembre.

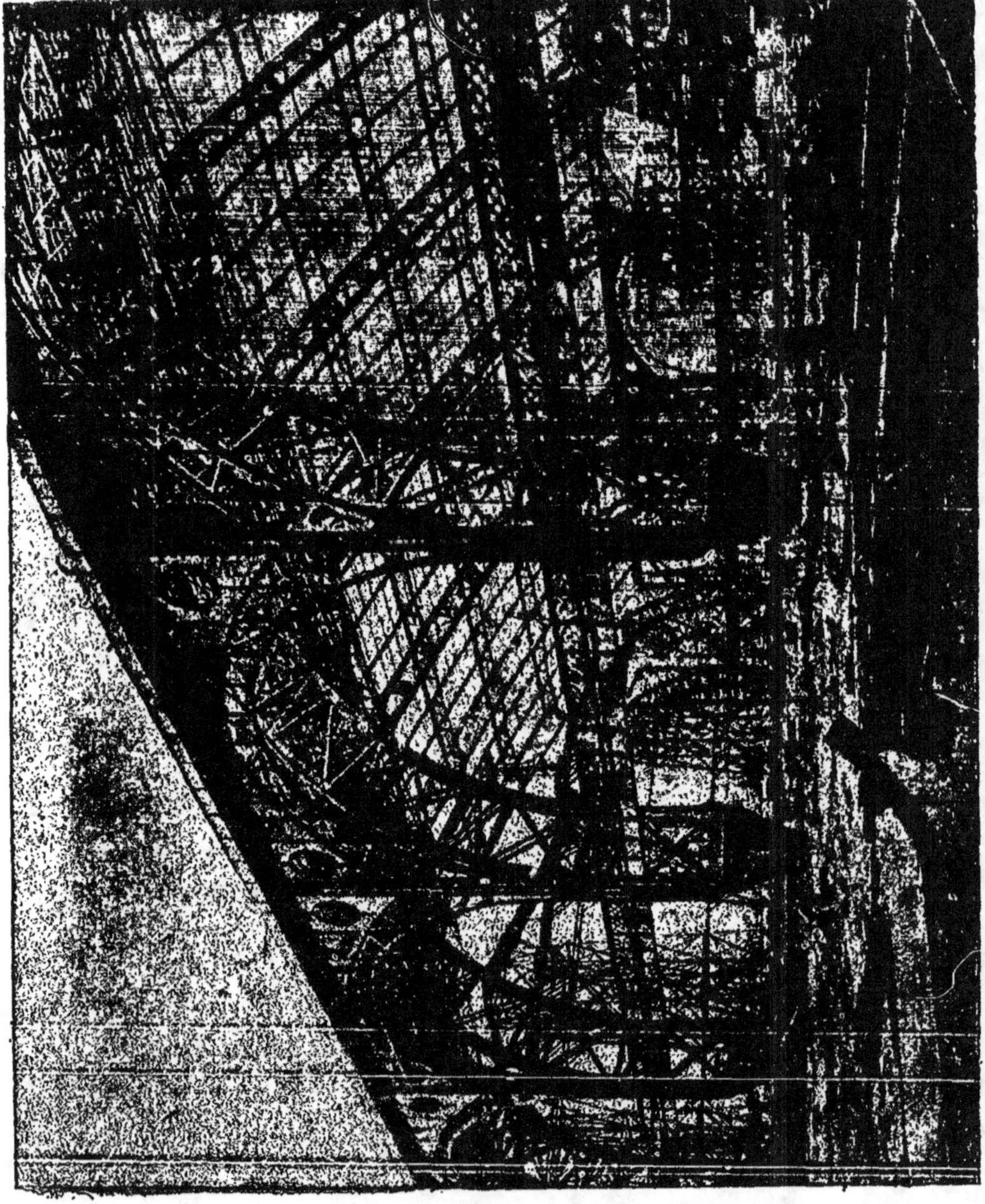

MONTAGE DES FERMES DU PALAIS DES MACHINES
(Bulletin Officiel de l'Exposition de 1889)

INSTALLATION MÉCANIQUE
DANS LE PALAIS DES MACHINES

Notre dessin ci-contre représente en perspective l'installation des machines en mouvement.

Dans le sens transversal, le Palais a été divisé en un certain nombre de travées, séparées par des chemins dont la direction est parallèle à l'axe longitudinal de la galerie.

Les quatre galeries du milieu sont réservées aux machines en mouvement; elles ont une largeur de 15 mètres; elles sont pourvues dans leur axe d'un arbre de couche recevant la puissance des moteurs.

Les travées latérales, ainsi que celles du portour du rez-de-chaussée et la galerie du 1er étage, sont réservées à tous les produits des classes comprises dans le groupe VI pour lesquelles il n'y a pas à prévoir l'emploi de la force motrice.

Le dessin indique des machines dont la nature correspond à peu près à ce qui est exposé dans chaque emplacement de la galerie, en sorte que l'examen permet, pour ainsi dire, à chacun de comprendre comment se présentera son exposition.

L'installation des arbres de transmission offre des dispositions particulières qu'il nous paraît intéressant de signaler.

Comme on le voit, un certain nombre de paliers

sont placés sur des supports formés de deux colonnes en fonte, espacés de 11m20. Les points d'appui intermédiaires de ces arbres sont obtenus au moyen de chaises pendantes qui sont fixées à une poutre qui relie tous les supports d'une même rangée. Il y a aussi parallèlement à l'axe du palais quatre poutres de 18 mètres. Ces poutres présentent une grande rigidité et il a paru très. avantageux d'utiliser leur résistance en provoquant l'installation de ponts roulants qui circulent d'un bout à l'autre de la galerie et rendent de grands services pendant la période de montage et de démontage pour les opérations de la manutention.

Les constructeurs qui auront exposé pourront présenter leurs appareils en l'état de fonctionnement et promener à 7 mètres du sol les visiteurs qui désireront jouir du coup d'œil d'ensemble de cette magnifique réunion des produits des Arts Mécaniques.

Les machines motrices qui seront au minimum de trente, attaqueront la transmission au centre d'un beffroi formé de quatre colonnes dont l'aspect sera robuste et élégant. C'est à M. Vigreux, chef de service mécanique et électrique, que l'on doit ces ingénieuses dispositions.

Il nous reste à exprimer un vœu : c'est que ce magnifique Palais de Fer, dont la surface couverte mesure 61.335 mètres carrés, ne disparaisse pas après l'Exposition de 1889.

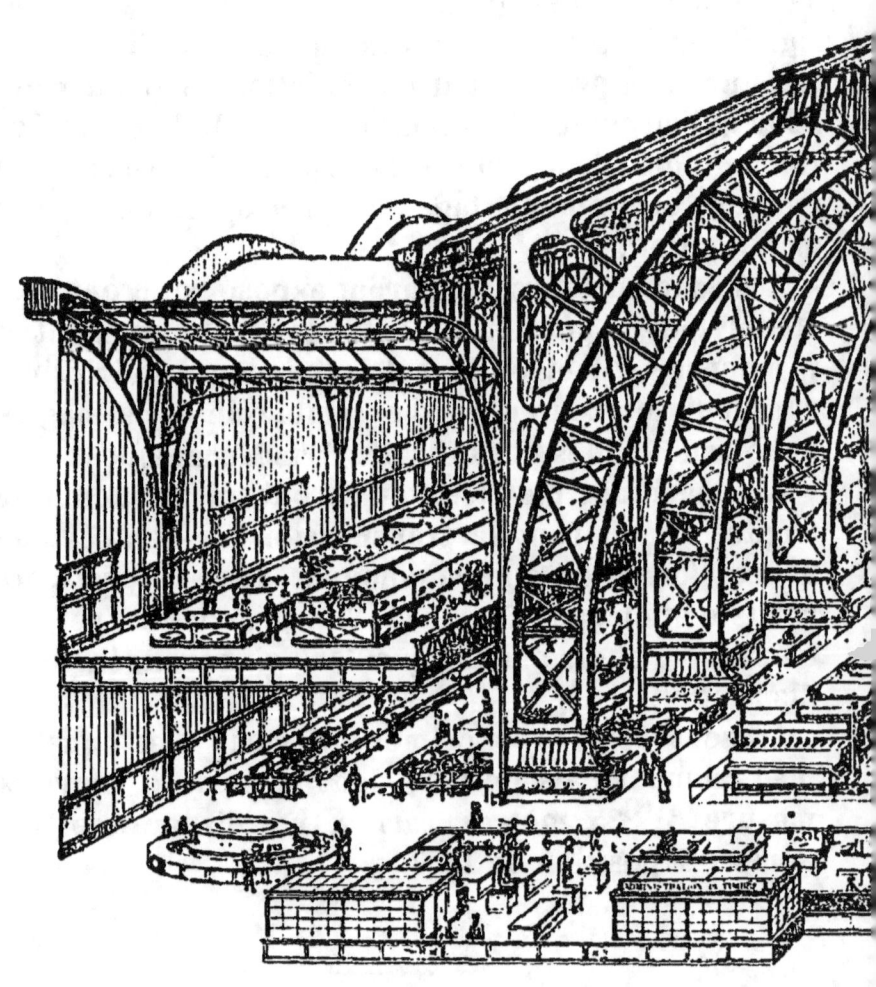

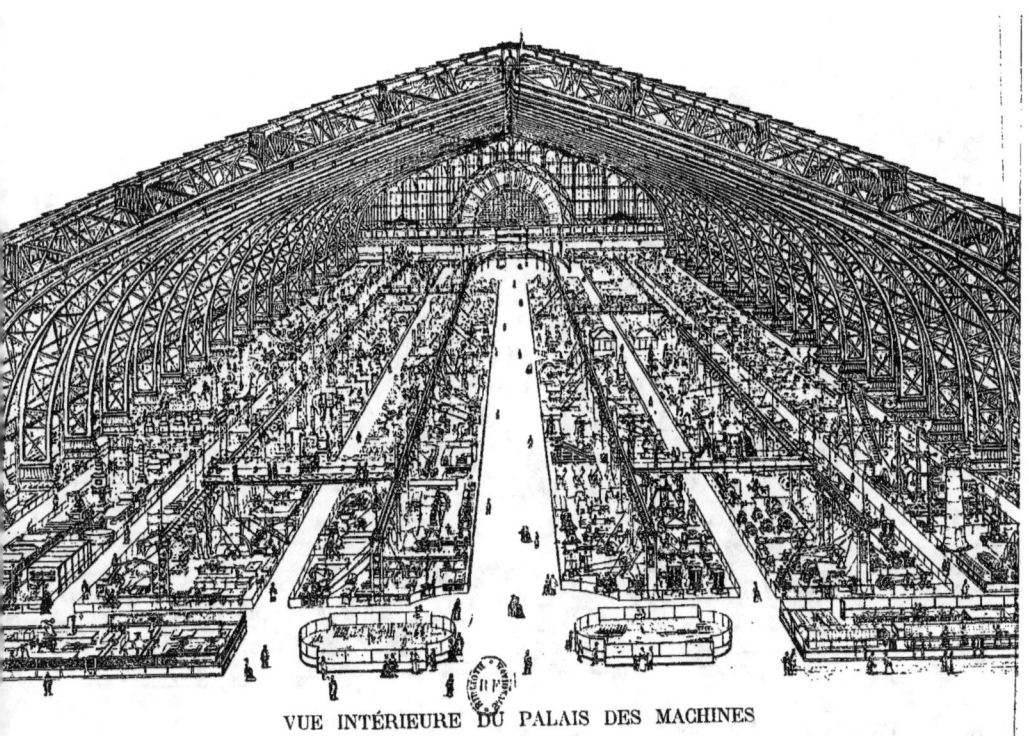

VUE INTÉRIEURE DU PALAIS DES MACHINES

d'après le *Bulletin Officiel de l'Exposition de 1889*

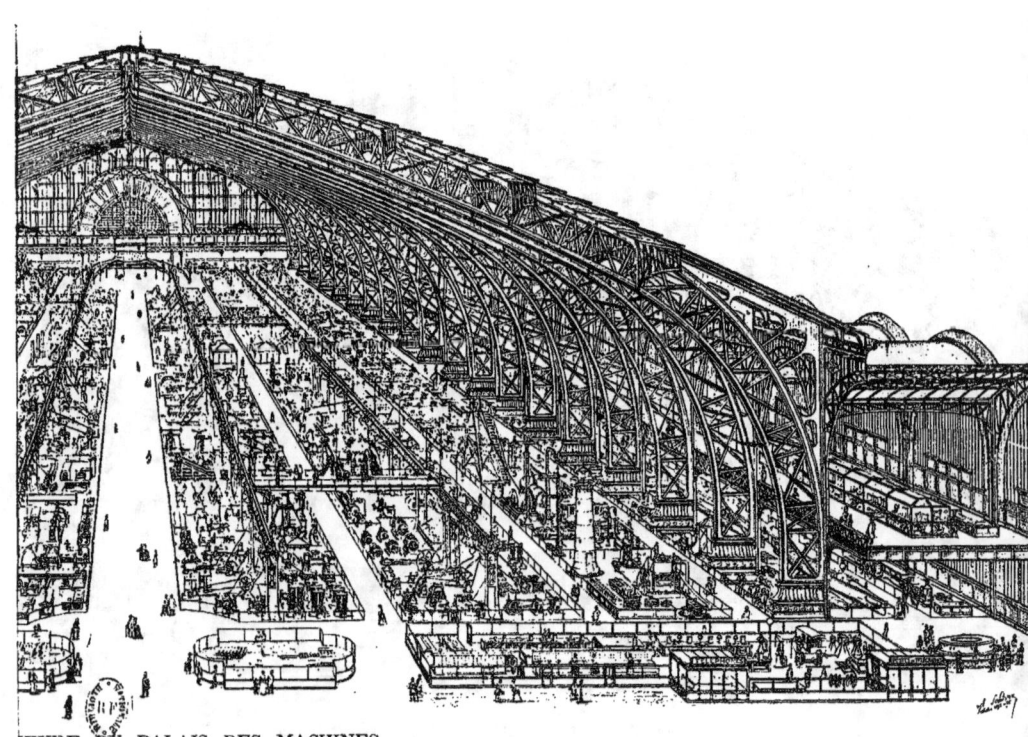

RIEURE DU PALAIS DES MACHINES

le Bulletin Officiel de l'Exposition de 1889

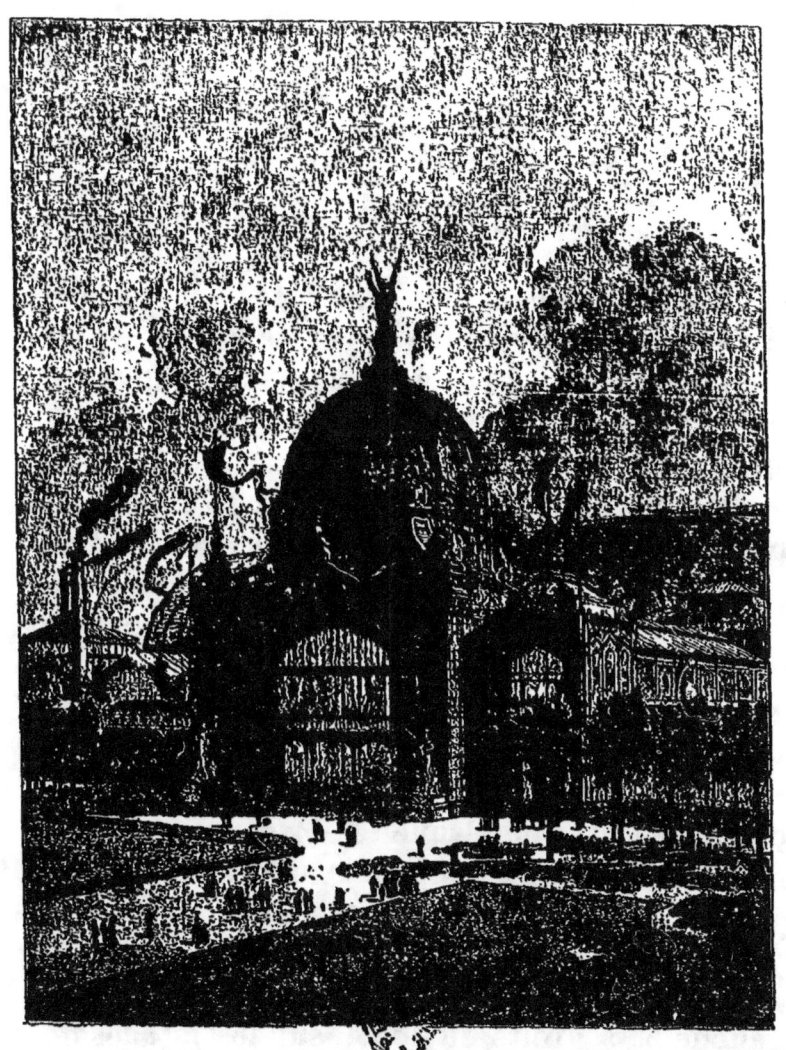

LE DOME CENTRAL
d'après un Dessin du Monde Illustré

4.

LE DOME CENTRAL

En sortant du Palais des Machines, on ne peut revenir dans les galeries industrielles sans visiter le dôme de leur façade, à l'abri duquel les manufactures des Gobelins et de Sèvres exposeront leurs plus magnifiques produits.

Le dôme lui-même d'ailleurs, par sa situation, par la variété des éléments qui entrent dans sa construction, par sa décoration sculpturale, sera une des curiosités de l'Exposition. En partie vitré en coupole, il aura une ossature de fer, rehaussée d'ornements en plomb, en zinc ou en cuivre, dont l'éclat tranchera sur la nuance sévère des ardoises métalliques employées aux parties non vitrées de la couverture. L'arcade au-dessus de laquelle il se dressera sera coupée au tiers de sa hauteur par un balcon d'où l'on découvrira cette magnifique perspective qui s'étend, sous les piliers de la Tour, jusqu'aux bassins en cascades du Trocadéro.

A gauche et à droite du dôme, sur les façades des galeries, un portique à jour se développe, destiné à abriter les Cafés, les Restaurants, les Brasseries, et constitué par une fine colonnade métallique soutenant une frise très fouillée qui dissimule l'extrémité des toitures sous des motifs de décoration tirés des industries dont les produits occuperont les emplacements voisins.

Et ce sont ces produits, rassemblés dans le second groupe des galeries parallèles : d'abord, contre le Palais des Machines, les Métaux bruts et ouvrés, puis successivement, en revenant vers le jardin, les Cuirs, les Fourrures, les Produits chimiques, les Essences forestières, les Matières textiles et les Huiles, les Procédés de Blanchiment, de Teinture et d'Apprêt, les Armes, les Objets de Campement, les Tissus de lin, de coton, de laine et de soie, le Vêtement et ses accessoires, les Dentelles, les Jouets, la Joaillerie enfin, à quelques mètres de l'Orfèvrerie, qui lui fait face de l'autre côté du couloir central.

La dernière des galeries parallèles est réservée aux industriels d'Autriche-Hongrie, qui l'occuperont tout entière, quoi qu'on puisse tenter pour les en détourner.

Dans les galeries perpendiculaires : la Belgique, les Pays-Bas, la Grande-Bretagne et ses Colonies. En bordure sur l'avenue de Labourdonnais, les Expositions spéciales de l'Union Céramique et de quelques établissements métallurgiques trop encombrants pour les Palais. Devant l'Angleterre un hall, semblable à celui de la Musique, où l'on installera la Sculpture, et qui s'ouvrira sur l'avenue Rapp, entre le pavillon de M. Alphand et celui de M. Grison, par une porte monumentale. Enfin, le Palais des Beaux-Arts, identique extérieurement au Palais des Arts Libéraux, et sous les galeries extérieures duquel les visiteurs trouveront un salon de lecture et de correspondance, un bureau de tabac, un bureau de change, une boutique de coiffeur et des cabinets de toilette. Le Palais des Beaux-Arts renfermera seulement la collection des tableaux et des dessins exécutés depuis onze ans par nos peintres les plus célèbres.

Autour et en avant du Palais des Beaux-Arts, un parc encombré de chalets et de maisonnettes : le pavillon de la Presse, dans lequel les journalistes parisiens offriront l'hospitalité à leurs confrères de la province et de l'étranger ; le bureau des Postes et Télégraphes, le pavillon Louis XV, que M. Jacques Hermant a dessiné pour la Société des Pastellistes et dont la façade, ornée de vases et de fontaines, peinte de tons tendres rehaussés d'or, jette au milieu de ce fouillis curieux de constructions disparates une note d'une grâce bien particulière ; le pavillon des Aquarellistes, celui de la Principauté de Monaco, émergeant d'un bouquet d'eucalyptus et de palmiers ; le chalet suédois, très pittoresque ; les expositions particulières de M. Blanchon — un édicule circulaire rappelant le monument choragique de Dusycrate, composé de six colonnes en granit d'Egypte avec, au centre, un vase en porphyre rouge orné de bronze ; — de M. Perrusson, — des faïences ; — de M. Coignet, — des ciments ; — de M. Dillemont, — des dentelles ; — le théâtre des Fantaisies-Parisiennes (une tente de forme gracieuse et nouvelle), sous la direction de MM. Scipion et Daubray ; les pavillons du Gaz, des Téléphones, des Tabacs. Enfin, un peu en retrait vers l'avenue, voilée par un rideau de platanes, la vaste maison de bois d'où M. Georges Berger surveille, dirige, contrôle, avec l'intelligente activité qui le caractérise, les innombrables détails de cette prodigieuse exploitation. Autour de lui ses collaborateurs fidèles : MM. Thurneyssen, secrétaire général ; Mon-

thiers, chef, et Giroud, chef-adjoint du service de la
section française ; Sedille, chef du service des instal-
lations ; Vigreux, chef du service mécanique et électrique ; Marc Millas et de Lacretelle, secrétaires des
sections étrangères ; Maindron, chef du catalogue, —
et la cohorte dévouée des sous-chefs, des inspecteurs
et des jeunes attachés.

LES JARDINS ET PARCS DE L'EXPOSITION

La superficie réclamée par les exposants atteint
40,000 mètres carrés ; les serres, chalets restaurants
sont répartis de façon à concourir à l'aspect pittoresque de tout l'ensemble.

Le jardin réservé, qui se trouve entre le palais des
Arts Libéraux et le palais des Beaux Arts, en contre-
bas de 2 mètres, occupe une superficie de près de
5 hectares. Les arbres de l'Exposition de 1889 ont eu
deux hivers pour se remettre des fatigues occasion-
nées par les mutilations de leurs racines pendant
l'enlèvement et la transplantation. Aussi par la verdure et l'ombrage qu'ils répandent atteignent-ils le
but proposé.

Une belle végétation n'est pas la seule surprise offerte aux visiteurs. Sur tous les points du jardin, on
rencontre des arbres rares, mis généreusement à la
disposition des architectes par la municipalité parisienne. La ville possède en effet dans ses pépinières
du bois de Boulogne des spécimens uniques qui, plan-

tés il y a bien des années, en vue d'essais d'acclimatation ou de démonstration, sont devenus encombrants. Aussi l'administration de l'Exposition a-t-elle
accepté ces arbres avec empressement.

Les arbres destinés aux jardins de l'Exposition ont
été arrachés et transportés avec les plus grandes pré-
cautions ; ils ont été haubannés afin de les protéger
contre le vent, en attendant qu'ils aient pris de nouvelles racines.

Ces plantations sont gracieuses et intéressantes et
les visiteurs rencontrent dans les jardins plus de
400 variétés d'arbres forestiers et plus de 600 variétés
d'arbustes à feuilles caduques ou persistantes.

Au pied des balustrades limitant les terrasses, s'é-
tendent des plates-bandes plantées en rhododendrons;
de distance en distance on a intercalé des massifs
d'arbustes de choix décoratifs.

Que de fleurs et de plantes au milieu de ces tapis
de verdure et avec quel admirable goût M. Alphand,
qui a su créer avec l'art devant lequel chacun s'in-
cline, les merveilles de nos squares, jardins et bois,
s'est occupé tout particulièrement de cette partie du
Champ de Mars! Ajoutons qu'il a trouvé, dans M. La-
forcade, le jardinier en chef, un collaborateur qui est
aussi un maître et dont on est heureux d'applaudir le
talent et le bon goût.

LA CÉRAMIQUE A L'EXPOSITION

Si les immenses ossatures en fer des constructions de l'Exposition, découpées par des dômes et portiques, donnent la mesure des progrès de la construction métallique en France, leurs revêtements mettent en relief le bon goût et la puissance de la Céramique française.

La construction en fer, complétée par les revêtements céramiques, avait déjà été essayée à la dernière Exposition de 1878, notamment dans le Pavillon de la Ville de Paris et la gare du Champ de Mars ; elle est en plein épanouissement à l'Exposition de 1889. On peut constater qu'elle réunit la grâce à la force, à ce point qu'une direction nouvelle pourrait être donnée, à la suite de l'Exposition, à l'architecture moderne, et qu'un nouveau style d'origine essentiellement française fût consacré par le succès des Palais de l'Exposition.

Il suffit de voir la valeur et l'importance données par les ornements céramiques au Pavillon de la Presse pour juger à quel point ces ornements peuvent rehausser une construction.

La part faite à la Céramique dans les Palais du Champ de Mars et de l'Esplanade des Invalides frappe au premier coup d'œil le visiteur, dont l'attention est vivement attirée par les dômes du Palais des Beaux-Arts et des Arts Libéraux couverts en tuiles émaillées d'un effet féérique sous les rayons du soleil.

La couverture de ces deux dômes ne comprend pas moins de cent mille tuiles, de couleurs diverses, pour figurer des dessins d'ensemble et de dimensions variables, pour s'appliquer sur les reliefs ménagés dans la toiture des dômes. On en compte 630 modèles différents qui constituent une véritable mosaïque.

Cette dernière figure douze tranches ou fuseaux à fond blanc, dans lesquels des dessins en méandre encadrent des cartouches artistiques portant en lettres d'or, les initiales de la République Française.

Autour de la base de chaque dôme, sont placés sur les consoles de l'attique véritable, vingt vases de trois mètres de hauteur.

L'attique percée d'œils-de-bœuf est décorée en bleu clair, et comporte de nombreux sujets en terre cuite.

Ces travaux considérables sont complétés par les admirables terres cuites rehaussées d'or qui décorent les porches donnant sur les jardins et par les acrotères qui couronnent admirablement les palais.

Les petits dômes des palais établis au-dessus des pavillons d'angle vers la Seine sont décorés de tuiles en porcelaine émaillée; tous les piliers en fer sont revêtus de panneaux en terre cuite cannelés et ornés de feuilles de laurier et de chêne, et surmontés de cartouches à fond blanc avec motifs au centre et encadrements à reflets métalliques. On peut juger par ces détails de l'importance prise par la Céramique dans la construction et l'ornementation des palais des Beaux-Arts et des Arts Libéraux qui, en raison de leur destination même, devaient se signaler par l'harmonie de leurs lignes et de leurs couleurs, le bon goût et l'élégance de leurs dispositions.

Si l'intensité décorative par la Céramique est au maximum dans ces deux Palais, la Céramique n'est pas moins dominante dans toutes les autres parties du Champ de Mars, appropriant les matériaux, les formes et ornements aux destinations des divers Palais.

Elle se signale dans les façades extérieures du palais des Machines par l'appareillage artistique des briques rouges et blanches avec lequel elle est arrivée à montrer des panneaux d'un effet gracieux supportant les hautes verrières, ainsi que dans toutes les parties du Palais par la décoration des corniches, voussures, frises, acrotères, panneaux, cartouches, plafonds, etc.

La Céramique a trouvé dans le staff le plus précieux auxilliaire pour la décoration. Le staff permet de créer et de reproduire les modèles les plus compliqués et les plus délicats, de les déplacer, de les mettre en place, avec une dépense infime de matière première et de main-d'œuvre.

Grâce au staff, les pièces sont moulées en plâtre sur une étoffe grossière et peuvent s'appliquer aisément dans tous les intérieurs des édifices et même à l'extérieur, comme on peut le constater au Champ de Mars pour les frises colossales des galeries qui bordent, du côté du jardin central, les hangars réservés aux Expositions diverses.

On a trouvé au Champ de Mars une nouvelle et importante application du staff; c'est en effet, avec ce procédé que l'on a établi les fausses briques de faïence qui décorent les plafonds des galeries latérales du palais des Machines.

Si l'on ajoute à ces diverses applications de la Céramique les ornements d'architecture en béton comprimé Coignet, balustrades, balcons, vases, escaliers, rampes, objets d'art de toutes natures répandus à profusion dans les palais et les jardins, on peut se rendre compte de l'importance de la Céramique à l'Exposition de 1889. Sous les formes les plus diverses, la Céramique contribue à donner à l'Exposition de 1889 un cachet artistique de premier ordre.

RÉSUMÉ

En résumé, les constructions établies sur le Champ-de-Mars se divisent en trois parties bien distinctes : galeries des Machines ; galeries des Industries diverses et galeries des Beaux-Arts et des Arts Libéraux.

Ces dernières occupent les deux palais formant ailes de chaque côté du Champ de Mars et dont les deux dômes, d'une hauteur de 56 mètres au-dessus du sol, sont recouverts de tuiles émaillées aux tons chauds et éclatants ; ces bâtiments ont nécessité l'emploi de 8,300,000 kilogrammes de fer et une dépense de 6,300,000 francs alloués à leur construction.

Les deux ailes des galeries des Arts Libéraux et des Beaux-Arts sont soudées chacune par un long vestibule au palais des Industries diverses, qui occupe toute la longueur du Champ de Mars. Le poids des fers employés à la construction du palais des Industries diverses est de 8,700,000 kilogrammes, et la dépense s'est élevée à 5,700,000 francs.

Enfin, la galerie des Machines, composée d'une série de fermes métalliques les plus grandes qui aient été élevées dans des travaux de ce genre, est d'un poids total, y compris le vitrage, s'élevant à 11 millions 300,000 kilogrammes ; la dépense a été de 6 millions 500,000 francs.

L'Exposition occupe donc un espace beaucoup plus considérable que les précédentes, sans en excepter celle de 1878 : ses bâtiments et les jardins ne couvrent pas moins de 291,000 mètres carrés sur les 400,000 que contient le Champ de Mars, et la somme totale des dépenses s'élève à 43 millions, dont 18 millions fournis par la Société de garantie, et le reste par l'État et la Ville de Paris.

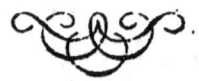

LES QUAIS ET L'ESPLANADE

Avant de quitter le Champ de Mars, il faut jeter un coup-d'œil sur les berges de la Seine qui donnent asile à l'Exposition fluviale et maritime : les modèles de navires — ces joujoux adorables que les parents prennent à regarder avec autant de plaisir que les enfants, les ustensiles de pêche, les canots, les phares, les sémaphores, les sirènes, tout ce matériel pittoresque qui dans les ports de mer fait la joie de nos yeux sera réuni là.

Sur le quai d'Orsay, depuis l'avenue de La Bourdonnais jusqu'à la rue Faber, des galeries closes et couvertes recevront les instruments de l'Agriculture, qui n'avaient jamais été si bien installés.

En face du débarcadère actuel des bateaux-mouches, à égale distance du pont d'Iéna et du pont de l'Alma, on construira pour les produits alimentaires un Palais spécial à deux étages dont le rez-de-chaussée, placé sur la berge, sera intérieurement aménagé comme une cave, avec les vins blancs, rouges et mousseux, les bières, les cidres, le lait, les liqueurs, les apéritifs, tous les liquides ; le premier étage étant réservé aux solides. Autour de ce Palais de la gourmandise, des usines alimentaires, où des industriels fabriqueront et vendront leurs produits, et des bars de dégustation réservés aux seuls exposants.

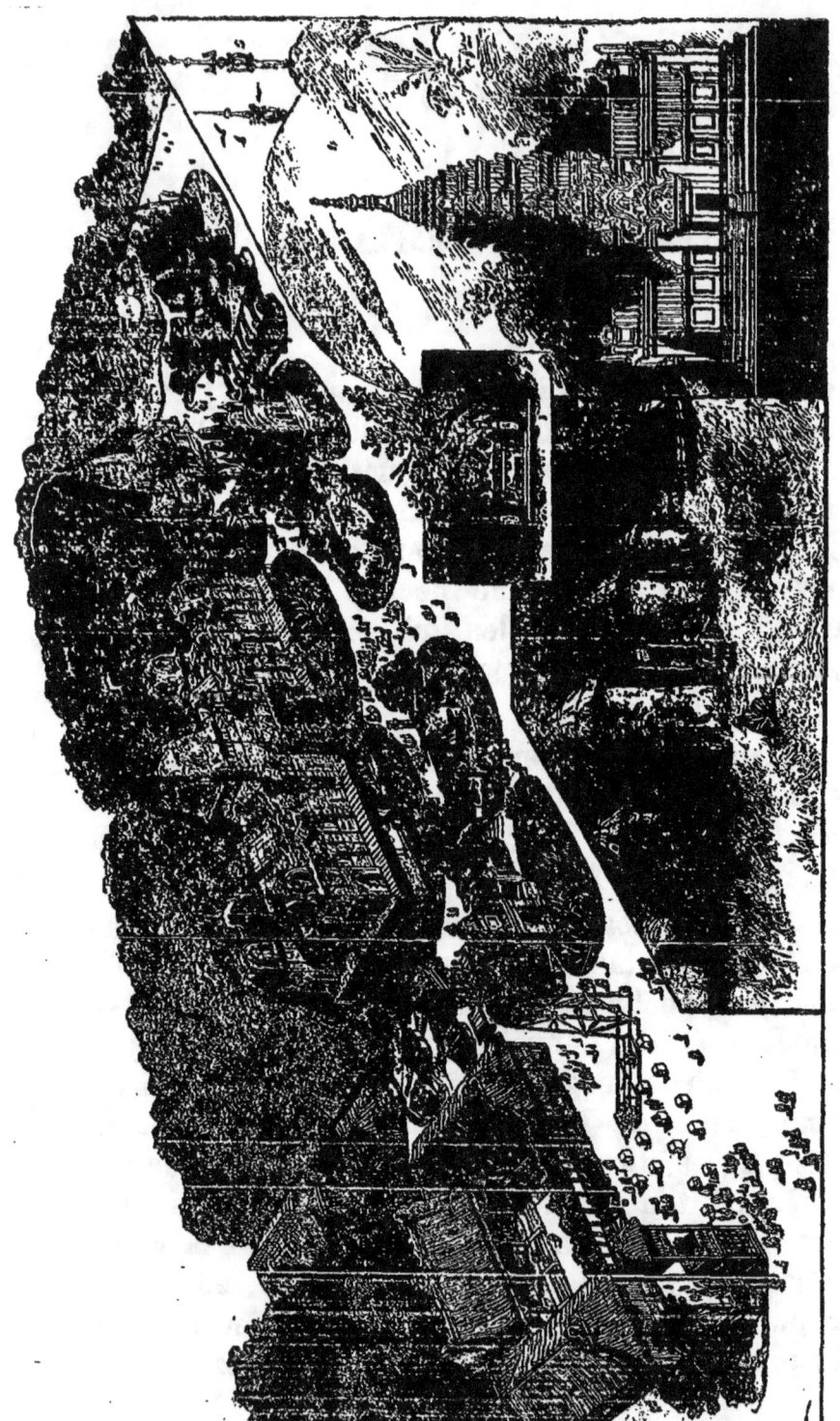

EXPOSITION COLONIALE FRANÇAISE A L'ESPLANADE DES INVALIDES (d'après un dessin de l'ILLUSTRATION)

L'ESPLANADE DES INVALIDES

L'Esplanade des Invalides est entièrement occupée par les Expositions de l'Algérie, des Colonies et des Pays de protectorat. On y a édifié des Palais pour le Ministère de la Guerre, l'Hygiène, et les bâtiments de l'Économie sociale.

La description de ces Expositions particulières, dont l'intérêt n'est pas à démontrer, serait presque aussi longue — et non moins intéressante — que la description des Expositions générales du Champ-de-Mars et du Trocadéro.

L'Exposition de l'Esplanade des Invalides ne manque pas d'une certaine hardiesse. On critiquait vivement au début l'idée de scinder ainsi l'Exposition. On mettait en avant le peu de succès qu'avaient obtenu jusqu'ici les Expositions partielles éloignées du centre, comme celles de l'Agriculture sur les quais, ou celles de la Navigation sur les berges de la Seine.

En ce moment, au contraire, tout le monde s'accorde pour prédire à l'Exposition de l'Esplanade des Invalides un succès sans précédent.

Un de ses caractères les plus intéressants est la variété, et si nos lecteurs veulent bien nous suivre, nous visiterons d'abord à droite le Pavillon gastronomique, le pavillon des Postes et Télégraphes, puis l'Exposition d'hygiène, celles des Ambulances militaires et civiles, Tentes et Cités ouvrières et l'Exposition d'économie sociale qui occupe 6,400 mètres.

Le bâtiment comprend une bibliothèque, une salle de jeux avec ses dépendances, une salle de conférences et de nombreuses galeries.

Dans le jardin sont édifiées des maisons-modèles, représentant les différentes espèces d'habitations ouvrières dans divers pays.

Si nous descendons vers la Seine, nous traversons l'Exposition Militaire, installée de la façon la plus pittoresque dans un camp retranché avec ses remparts. Dans le bâtiment central, une exposition sans précédent de tous les uniformes de l'armée française, depuis Louis XIV jusqu'à nos jours, tous portés par des mannequins disposés par groupes, comme sur un champ de bataille.

Si nous passons à gauche, par le quai, nous trouvons l'Exposition de l'Algérie avec ses dômes et ses minarets couverts de faïence; plus loin, le palais Tunisien, dont nous donnons ici un dessin, et qui est dû à M. Henri Saladin, jeune architecte de talent.

La façade du palais s'étend le long de l'avenue des Invalides : elle est constituée au centre par un portique inspiré de l'entrée du palais Beylical du Bardo ; à gauche, par un pavillon à toit pyramidal quadrangulaire reproduisant le tombeau de Sidi-Ben-Arouz, à Tunis ; à droite, par un bâtiment reproduisant le Souk-el-Bey, de la même ville.

Le visiteur accède par un large perron au portique, constitué par trois larges et hautes arcades. Ces arcades à jour forment en quelque sorte le vestibule

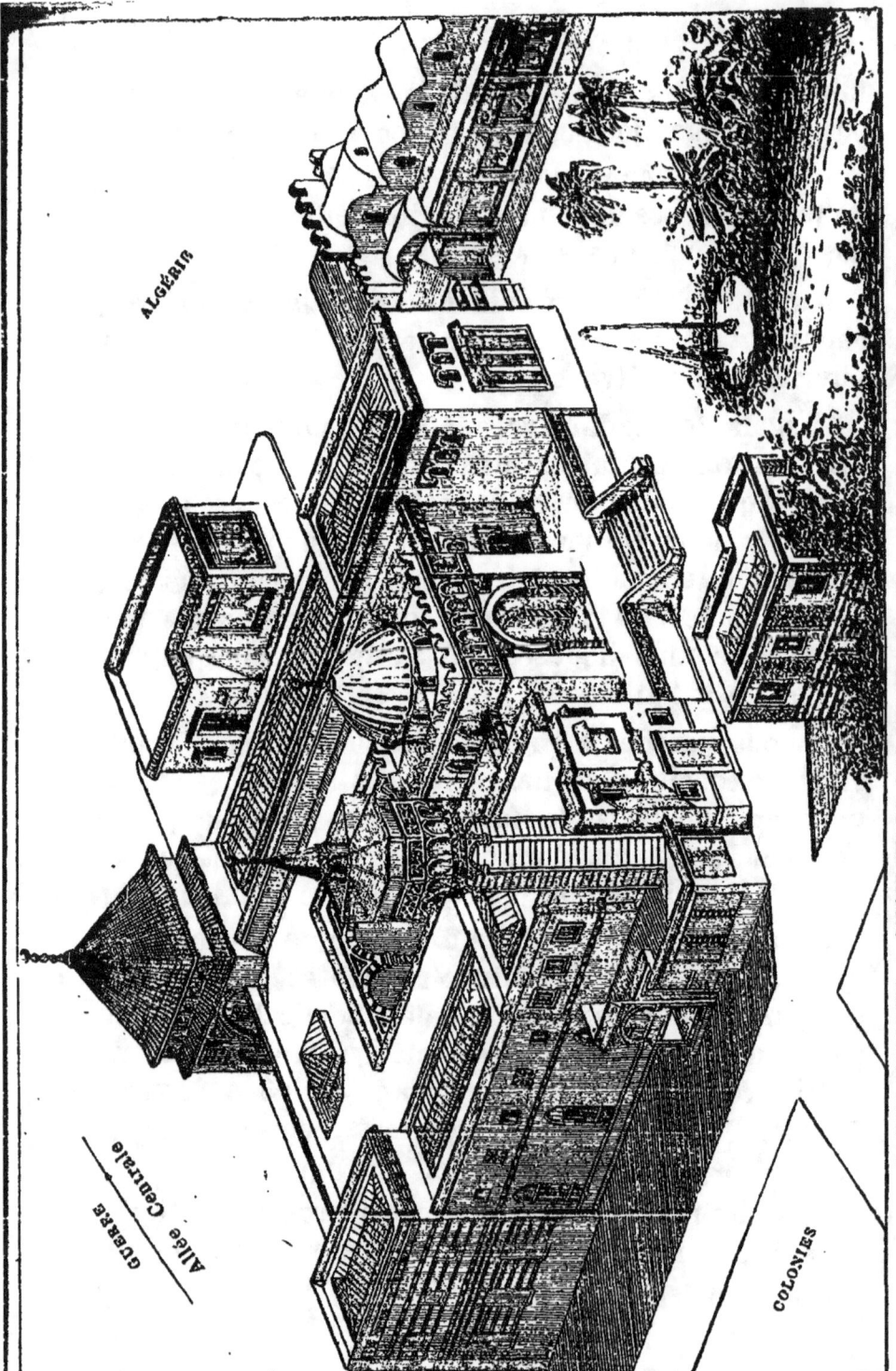

ALGÉRIE

Allée Centrale

GUERRE

COLONIES

E. SAINT-PIERRE PALAIS TUNISIEN A L'ESPLANADE DES INVALIDES (d'après un dessin du Bulletin Officiel)

d'une large cour intérieure, à laquelle l'artiste a
donné l'aspect du patio des palais arabes de Tunis.

Autour de ce patio règne une longue galerie ou
cloître, du même caractère que les arcades du portique. Au centre un jet d'eau s'élance du bassin creusé
au ras du sol et revêtu d'un pavage en marbre de
couleur. Quant aux faïences décorant les portiques du
cloître, elles sont également empruntées à un célèbre
monument de Kérouan, la mosquée de Si-Saheb.

Deux bâtiments s'étendent autour de cette cour
intérieure : celui de droite destiné à recevoir l'exposition des Produits Industriels de la Régence, celui de
gauche réservé aux produits agricoles; au fond, une
quatrième aile complétant le parallélogramme de la
cour abritera l'exposition de l'Art arabe, Antiquités,
Beaux-Arts et Instruction Publique. — A voir les mo-
saïques du cimetière de Carthage et des temples de
Sbeïtla, des Antiquités romaines et puniques, etc.

Après avoir parcouru ces galeries, le visiteur des-
cend dans une cour garnie d'arbres où sont des boutiques en plein air, des reproductions des curieuses
constructions en briques creuses du Djérid (oasis du
désert tunisien). Le bazar Tunisien du Souk avec ses
galeries et ses colonnes pittoresquement peintes aux
couleurs du Prophète, rouge et vert. Sous ces arbres,
et dans le Souk, travaillent des artisans indigènes,
damasquineurs, orfèvres, voiliers, brodeurs, armu-
riers, etc.; puis des marchands des produits coloniaux,
des cafés, des restaurants et concerts, etc.

A la suite de l'Exposition tunisienne, nous arrivons
à la grande Exposition des Colonies françaises et des

Pays de protectorat, couvrant une superficie de 25,000 mètres.

Cette Exposition, dont nous donnons le plan général et la vue du Palais central, a été organisée par le Commissaire général, M. Henrique ; il fut aidé dans cette vaste organisation par ses deux collègues adjoints, M. Destournelles, ingénieur, et M. Revoil, dont le nom est si sympathiquement connu, et M. Sauvestre, architecte.

Ce plan comprend : un palais de l'*Annam* et du *Tonkin*, un palais *Cochinchinois*, une pagode *Hindoue*, un restaurant et un théâtre *Annamites*, un pavillon de *Madagascar*, un restaurant *Créole*, un village *Sénégalais*, avec un *Blochhaus* représentant la *Tour de Saldé* et ses fortifications ou *tata*, une pagode d'*Angkor*, type de l'architecture *Kmer*, une factorerie du *Gabon*, des villages de *Pahouins* et d'*Alfourous*, indigènes des bords du *Congo*, un village *Tahïtien* ; puis les grandes cases *Canaques*, dont celle du chef a quinze mètres de hauteur.

Au centre de ce parc, le magnifique *Palais des Colonies*, dont nous donnons une vue, où sont réunies les différentes expositions partielles de chaque groupe colonial, que le Commissariat des colonies a voulu rassembler dans un but d'égalité, sous le grand toit de la Métropole. Devant ce Palais, des lacs artificiels, nous initiant à la navigation et à la pêche de ces contrées ; puis deux serres et un jardin d'hiver, recevant les plantes américaines et africaines, dont la plus grande partie est acclimatée.

Cette Exposition sera terminée par les tirailleurs *Annamites*, les spahis *Sénégalais* et tous les indigènes qui vont occuper ces villages.

A la suite de l'Exposition des Colonies françaises, nous trouvons celle de *Java*, puis le grand *Panorama* où toutes les sommités contemporaines se donnent la main devant la grande Exposition de 1889.

LES PLAISIRS A TRAVERS L'EXPOSITION

L'Exposition universelle n'eût rempli qu'une partie de sa mission s'y elle s'était bornée à ne placer sous les yeux de ses visiteurs, accourus de toutes les parties du monde entier, que les progrès accomplis dans les industries et manufactures de toutes les nations.

Elle avait aussi le devoir d'offrir à ses hôtes, durant leur séjour dans la capitale française, un ensemble de distractions et de plaisirs propres à détendre leur esprit et à faire une agréable diversion à l'inévitable aridité que comporte une solennité de ce genre.

Les étrangers qui afflueront à l'Exposition, et qui voudront se donner l'agrément de contempler cette fête à la fois patriotique et internationale, sont assurés de goûter à l'Exposition des plaisirs nombreux et variés et d'y rencontrer, avec toutes les recherches du confort, tout ce qui permet de parcourir, sans lassitude et sans ennui, d'aussi vastes palais.

Méthodiquement répartis sur les parties hautes de l'enceinte, les cafés et restaurants sont installés dans des locaux d'une allure élégante, développant des terrasses d'où les consommateurs, servis par un personnel de nationalités diverses porteur de costumes exotiques, embrassent d'un coup-d'œil la vue des jardins, des pelouses et massifs, en reposant sur les fleurs et les cascades leurs regards fatigués à la longue de s'attacher sur des objets manufacturés, sur des

machines en mouvement ou sur des matières premières.

Le soir, ces établissement resplendissent de feux
électriques et projettent autour d'eux, jusque sur les
arcades des palais avoisinants, des flots d'une lumière
étincelante.

Des terrasses des Palais des Beaux-Arts et des Arts
Libéraux, les promeneurs contemplent un décor litté-
ralement féerique. Les cascades et les jets d'eau
offrent à leurs yeux des combinaisons multiples de
couleurs et de lumières obtenues au moyen de procédés nouveaux.

Du sommet de la Tour Eiffel et des restaurants du
premier étage, des projections lumineuses baignent
de clarté les constructions riches et pittoresques de
l'Orient.

Les façades chatoyantes des palais Chinois, Japon-
nais et Marocains, forment un des décors les plus
éblouissants et les plus prodigieux qu'il ait été donné
à l'homme de contempler avec l'aide des ressources
de l'art et de la nature.

Des théâtres, surtout celui des *Fantaisies Parisiennes.*

Sur les quais : le long de la façade de la Tour Eiffel,
la rue de l'Habitation où les visiteurs trouvent une
succession de distractions savamment restituées
d'après les époques correspondantes, avec leurs
habitants installés dans les habitations mêmes.

Au quai d'Orsay : l'Exposition agricole renfermant
tous les produits et spécimens d'alimentation et pour
les gourmets, de nombreux comptoirs de dégustation.

Au Trocadéro : des brasseries et restaurants élé-

5

gamment installés, des expositions de fleurs, des cascades, pelouses, bars et reposoirs de toutes sortes.

A l'Esplanade des Invalides : des cafés, restaurants et concerts d'un caractère si original et coloré ; des théâtres Annamites ; des orchestres, orphéons, fanfares, harmonies diverses, civiles et militaires, etc.

Deux vastes panoramas sont construits, l'un sur l'Esplanade des Invalides, l'autre devant la façade de l'Exposition sur la Seine.

Le premier représente *tout Paris* et transporte le visiteur sur le grand refuge quadrangulaire de la place de l'Opéra : autour de lui, c'est-à-dire sur les trottoirs et la chaussée du boulevard des Capucines, de la rue du Quatre-Septembre, de la rue de la Paix et de l'avenue de l'Opéra, sont figurées toutes les personnalités parisiennes de la politique, des lettres, des arts et des affaires, habillement groupées et confondues.

Le second panorama, d'un ordre tout spécial, mais non moins original et divertissant, représente un des grands paquebots de la Compagnie Transatlantique, *la Touraine*. L'avant et l'arrière sont figurés en trompe-l'œil. La vue panoramique reproduit la rade du Havre.

Au cours de cette rapide excursion à travers tous les plaisirs réservés au public, nous avons dû négliger bien des éléments secondaires, pour ne nous attacher qu'à l'énumération rapide des attractions principales. En un mot, l'Exposition réserve une quantité de surprises les plus agréables aux visiteurs, pourvu... qu'ils aient la bourse bien garnie.

RÉPARTITION DES PRODUITS

DANS LES

ENCEINTES DE L'EXPOSITION UNIVERSELLE DE 1889

1° Champ-de-Mars. — Section des Machines : section des Produits industriels divers : section des Arts Libéraux : section des Beaux-Arts.

2° Quai d'Orsay. — De l'avenue de la Bourdonnais à l'Esplanade des Invalides). — Section des Produits et Appareils de l'Agriculture. — Section des Produits alimentaires.

3° Esplanade des Invalides. — Exposition des Colonies françaises et des Pays de protectorat. — Exposition des Ministères.

4° Jardin du Trocadéro. — Exposition d'Horticulture.

ORGANISATION GÉNÉRALE DES GROUPES

ET CLASSIFICATIONS

PREMIER GROUPE

Œuvres d'Art

CLASSE 1. — Peintures à l'huile.
— 2. — Peintures diverses et Dessins.
— 3. — Sculptures et Gravures sur Médailles.
— 4. – Dessins et Modèles d'Architecture.
— 5. — Gravures et Lithographies.

DEUXIÈME GROUPE

Éducation et Enseignement. — Matériel et Procédés des Arts Libéraux

CLASSE 6. — Éducation de l'Enfant. — Enseignement Primaire. — Enseignement des Adultes.
— 7. — Organisation et Matériel de l'Enseignement secondaire.
— 8. — Organisation, Méthodes et Matériel de l'Enseignement supérieur.
— 9. — Imprimerie et Librairie.
— 10. — Papeterie, Reliures, Matériel des Arts de la Peinture et du Dessin.
— 11. — Application usuelle des Arts au Dessin et de la Plastique.
— 12. — Épreuves et Appareils de Photographie.
— 13. — Instruments de Musique.
— 14. — Médecine et Chirurgie. — Médecine Vétérinaire et Comparée.
— 15. — Instruments de Précision.

— 16. — Cartes et Appareils de Géographie et de Cosmographie. — Topographie, Modèles, Plans et Dessin du Génie Civil et des Travaux Publics.

___

TROISIÈME GROUPE
Mobilier et Accessoires

CLASSE 17. — Meubles à bon Marché et Meubles de Luxe.
— 18. — Ouvrages de Tapissiers et de Décorateurs.
— 19. — Cristaux, Verrerie et Vitraux.
— 20. — Céramique.
— 21 — Tapis, Tapisseries et autres Tissus d'Ameublements.
— 22. — Papiers Peints.
— 23. — Coutellerie.
— 24. — Orfèvrerie.
— 25. — Bronzes d'art, Fontes d'art diverses, Métaux repoussés.
— 26. — Horlogerie.
— 27. — Appareils et Procédés de Chauffage, Appareils et Procédés d'Éclairage non électrique.
— 28. — Parfumerie.
— 29. — Maroquinerie, Tabletterie, Vannerie, et Brosserie.

___

QUATRIÈME GROUPE
Tissus, Vêtements et Accessoires

CLASSE 30. — Fils et Tissus de Coton.
— 31. — Fils et Tissus de Lin, de Chanvre, etc.
— 32. — Fils et Tissus de Laine Peignée, Fils et Tissus de Laine Cordée.
— 33. — Soies et Tissus de Soie.

— 34. — Dentelles, Tulles, Broderies et Passementeries.

— 35. — Articles de Bonneterie et de Lingerie; Objets Accessoires du Vêtement.

— 36. — Habillement des deux sexes.

— 37. — Joaillerie et Bijouterie.

— 38. — Armes Portatives, Chasse.

— 39. — Objets de Voyage et de Campement.

— 40. — Bimbelotterie.

CINQUIÈME GROUPE

Industrie Extractive, Produits bruts et ouvrés

CLASSE 41. — Produits de l'Exploitation des Mines et de la Métallurgie.

— 42. — Produits des Exploitations et des Industries Forestières.

— 43. — Produits de la Chasse; Produits, Engins et Instruments de la Pêche et des Cueillettes.

— 44. — Produits Agricoles non alimentaires.

— 45. — Produits Chimiques et Pharmaceutiques.

— 46. — Produits Chimiques et Blanchiment de teintures, d'Impression et d'Apprêt.

— 47. — Cuirs et Peaux.

SIXIÈME GROUPE

Outillage et procédés des Industries Mécaniques. — Électricité.

CLASSE 48. — Matériel et Procédés de l'Exploitation des Mines et de la Métallurgie.

— 49. — Matériel et Procédés des Exploitations Rurales et Forestières.

SEPTIÈME GROUPE
Produits Alimentaires

— 71. — Légumes et Fruits.
— 72. — Condiments et Stimulants, Sucres et Produits de la Confiserie.
— 73. — Boissons fermentées.

HUITIÈME GROUPE

Agriculture, Viticulture et Pisciculture

CLASSE 74. — Spécimens d'Exploitations Rurales et d'Usines Agricoles.
— 75. — Viticulture.
— 76. — Insectes Utiles et Insectes Nuisibles.
— 77. — Poissons, Crustacés et Mollusques.

NEUVIÈME GROUPE

Horticulture

CLASSE 78. — Serres et Matériel de l'Horticulture.
— 79. — Fleurs et Plantes d'Ornement.
— 80. — Plantes Potagères.
— 81. — Fruits et Arbres Fruitiers.
— 82. — Graines et Plants d'Essences Forestières.
— 83. — Plantes en Serre.

ARCHITECTES & INGÉNIEURS

DÉSIGNÉS PAR LES COMITÉS

POUR L'INSTALLATION DES CLASSES

GROUPE II

Classes. MM.

6. — TRELAT, 9, rue du Val-de-Grâce.
7. – HARDY, 32, rue du Bac.
8. — LAMBERT, 8, rue du Havre.
9. — ROSSIGNEUX, 23, quai d'Anjou.
10. — PUCEY, 16, rue Monceau.
11. — LORAIN, 24, rue d'Enghien.
12. — LORAIN,   —
13. — DESLIGNIÈRES, 13, rue Demours.
14. — PETIT. 15, boulevard Saint-Germain.
15. — CHABAT, 172, boulevard Montparnasse.
16. — COQUEREL, 38, rue Sévigné.

GROUPE III

Classes. MM.

17. HERMANT, 10, rue Legendre.
18. HERMANT,   —
19. — ROUSSI, 49, boulevard Voltaire.
20. — DESLIGNIÈRES, 13, rue Demours.
21. — COURTOIS-SUFFIT, 82, rue d'Hauteville.
22. — CREPINET, 19, rue Auber.
23. — GAUTIER, 5, rue Cambon.
24. — LORAIN, 24, rue d'Enghien.
25. — GUÉRINOT, 20, avenue de Messine.

26. — ABEL CHANCEL, 75, rue Blanche.
27. — BLAZY, 45, rue de Sèvres.
28. — JOURDAN, 14, rue de Clichy.
29. — COURTOIS-SUFFIT, 82, rue d'Hauteville.

GROUPE IV

Classes.   MM.

30. — JOURDAIN, 14, rue de Clichy.
31. — VIONNOIS, 98, Faubourg-Poissonnière.
32. — COURTOIS SUFFIT, 82, rue d'Hauteville.
33. — PASCALON, 14, rue du Goret, à Lyon.
34. — LORAIN, 24, rue d'Enghien.
35. — ULMANN, 33, rue de Trévise.
36. — BERTRAND, 22, rue Legendre.
37. — ROUYRE, 31, rue Tocqueville.
38. — COUVREUX, 58, Faubourg-Poissonnière.
39. — GONTIER, 43, rue Saint-Jacques.
40. — LEFOL, 2, rue de la Bastille.

GROUPE V

Classes.   MM.

41. — ESCANDE, 6, avenue du Trocadéro.
42. — STRAUSS, 30, rue Condorcet.
43. — CHARDON, 14, rue de Trévise.
44. — DÉCHARD, 122, rue de Rennes.
45. — DESCHAND, 122, rue de Rennes.
46. — CHARDON, 14, rue de Trévise.
47. — PRAY, 119, boulevard Saint-Germain.

GROUPE VI

Classes.   MM.

48. — PARENT, 23, rue du Château-d'Eau.
49. — DEBAINS, 11, rue de Saint-Pétersbourg.

50. — BERTHOT, 77, rue de la Voie-Verte.

51. — BERTHOT, 77, rue de la Voie-Verte.

52. — MOREAU, 38, rue de Châteaudun.

53. — BÉLIARD, 18, rue Choron.

54. — SALADIN, 78, boulevard Arago.

55. — SALADIN, 78, boulevard Arago.

56. — BERTHOT, 77, rue de la Voie-Verte.

57. — BÉLIARD, 18, rue Choron.

58. — PICARD, 74, rue de Rome.

59. — BÉLIARD, 18, rue Choron.

60. — DESPLECHIN, 14, rue de Saint-Pétersbourg.

61. — POULET, 12, rue de Tournon.

62. — DIEUDONNÉ, 95, rue Perronnet, à Levallois-Perret.

63. — DEZERNAUX, 9, rue Bourdaloue.

64. — TRÉLAT, 9, rue du Val-de-Grâce.

65. — VERGOS, au Ministère de la Marine.

66. — WALWEIN, 53, rue Blanche.

LA BASTILLE

ET

LE VIEUX PARIS

A L'EXPOSITION

———◦◦◦———

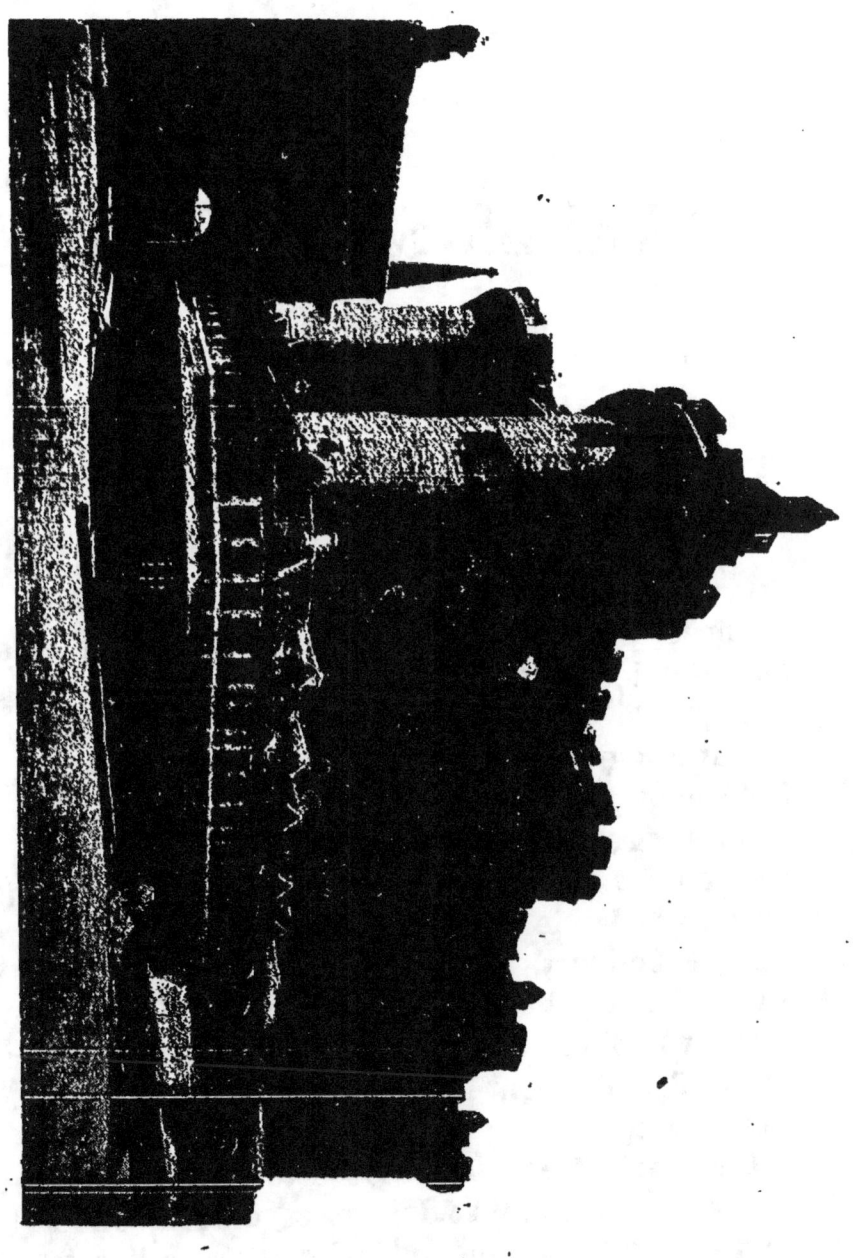

VUE DE LA BASTILLE

AU
QUARTIER SAINT-ANTOINE
avant 1789

(Reconstitué Avenue de Suffren, 80 bis)

Après avoir visité, à travers l'Exposition et ses annexes, les merveilles que la science moderne a édifiées par le fer, la vapeur et l'électricité, les amateurs de contraste se transportent à l'angle des avenues de Suffren et de La Motte-Piquet.

Là s'offre, à leurs regards étonnés, le spectacle d'un coin du vieux Paris où ils peuvent, en réalité, revivre de la vie des siècles passés. C'est là, en effet, que M. Colibert, architecte érudit, ancien élève de Violet-Leduc, et son collaborateur, M. Pérusson, nous convient à visiter la vieille rue Saint-Antoine terminée par la Bastille, dont le souvenir a fait rêver tous les cœurs français.

Une porte élégante, dite Porte de la Conférence, ornée de gracieuses sculptures et surmontée d'une toiture d'aspect gothique, nous donne accès directement dans la rue Saint-Antoine. A droite et à gauche, nous

voyons surgir tout un décor moyen-âge avec ses
vieilles maisons aux étages surplombants et aux
pignons élevés sur rue des temps anciens, qui étonn-
nent nos yeux, habitués aux toits plats d'aujourd'hui :
remarque à propos de laquelle Victor Hugo disait
que, depuis un siècle, les maisons avaient fait demi-
tour.

Çà et là, une maison de bric-à-brac avec ses vieilles
ferrailles et ses faïences antiques, chères aux amateurs ; une jolie boutique de fleuriste ; une curieuse
échoppe de savetier ; plus loin, l'*hôtel du Petit-Musc*,
qui existe encore, quoique remanié, au n° 212 de la
rue Saint-Antoine ; puis l'*auberge des Enfants de
Bacchus* dont, à travers la porte surmontée de deux
branches de houx en fer forgé, s'échappent de joyeux
éclats de rire qui nous invitent à entrer ; en face,
l'*hôtellerie du Lion d'Or*, où on *loge à pié* ; une laiterie
ancienne, où le Parisien boit du *vrai* lait ; un écrivain
public dont le petit guichet, en forme de confession-
nal, est le *Tombeau des secrets* ; une poste aux lettres,
une boulangerie, une tannerie, une boutique d'apothi-
caire ; une imprimerie, dont le propriétaire, M. Mer-
cadier, imprimeur, rue de la Grange-Batelière, 17,
s'est ingénié à reconstituer une série d'ouvrages
anciens édités avec les caractères d'antan ; la chapelle du couvent de la Visitation Sainte-Marie, réédi-
fiée à peu près telle qu'elle existe encore rue Saint-
Antoine, avec son dôme couronné d'une gracieuse lanterne. Construite en 1680, elle devint, sous la Révolution, une salle de bal et de concerts ; aujourd'hui, elle
est affectée au culte protestant. Sa reproduction, ré-
duite, contient un intéressant panorama superbement

peint par M. de Saint-Génois, qui y a retracé les faits les plus populaires de l'Histoire de la Bastille.

Au fond de la rue, et au pied de la vieille forteresse, s'alignent, en une longue rangée, de petites maisons toutes semblables contenant des boutiques de toutes sortes où s'exercent les commerces les plus divers, depuis un antre de sorcier jusqu'à un magasin de librairie où l'on vend des histoires très-intéressantes de la Bastille et de la rue Saint-Antoine avant 1789, par M. G. Rémy, des estampes, des dessins du vieux temps, ainsi que de charmantes médailles en bronze doré, dont une face représente le Centenaire de la Prise de la Bastille, et le revers, le profil en relief du malheureux roi Louis XVI. Ces luxueux emblèmes ont un grand attrait pour les visiteurs désireux d'emporter un souvenir de leur excursion dans ce pays des temps anciens.

Les habitants de ces vieilles maisons ont revêtu les costumes du temps; ils ont saisi au vif les coutumes et les usages de nos aïeux; ils offrent aux visiteurs les boissons et les mets de l'époque dans d'anciennes faïences aux naïves enluminures, et trouvent tout ce qui est nécessaire à leur subsistance dans leur propre quartier dont ils sont très fiers.

Après avoir fait le tour de la joyeuse rue Saint-Antoine, nous nous trouvons devant le pont-levis du sombre château-fort. Disons tout de suite que la Bastille n'a pas été construite tout d'un jet. Elle ne consistait d'abord qu'en deux puissantes tours protégeant l'une des portes de Paris, comme il en existait plusieurs autour de l'enceinte de Philippe-Auguste. Ces tours prenaient le nom des portes qu'elles défendaient; les plus connues étaient la bastille Saint-Denis et la bastille Saint-Antoine. C'est au pied de cette dernière que le célèbre prévôt des marchands, Étienne Marcel, trouva la mort le 1er août 1358 au moment où, oubliant ses serments de fidélité au Dauphin de France, il allait entouré de ses partisans, ouvrir la porte Saint-Antoine aux troupes espagnoles qui assiégaient Paris. Quand le Dauphin monta sur le trône sous le nom de Charles V, il chargea Hugues Aubriot, prévot de Paris, dont il connaissait l'ardent patriotisme, d'agrandir la bastille Saint-Antoine et d'en faire une forteresse qui protégeât tout ce quartier de Paris. Hugues Aubriot fit successivement construire les six tours qui, reliées entre elles par d'épaisses murailles, terminèrent ce château-fort si tristement célèbre dans les annales de France.

. Ces huit tours formaient entre elles un parallélogramme ayant une tour à chaque angle et quatre tours au centre. Sa longueur totale était de 70 mètres sur 30 mètres environ de largeur. Les murs des tours avaient 2 mètres d'épaisseur et les murs reliant les tours, près de 3 mètres. Ils étaient percés d'étroites fenêtres qui ne laissaient pénétrer à l'intérieur qu'un jour sombre et blafard, affaibli encore par les épais grillages qui obstruaient ces ouvertures.

Ces tours étaient désignées chacune par un nom spécial; du côté de la rue Saint-Antoine, c'était :

La tour du *Puits*.

La tour de la *Liberté*.

La tour de la *Bertaudière* où était enfermé le fameux *Masque de Fer*.

Et la tour de la *Bazinière*.

Du côté du faubourg Saint-Antoine, c'était :

La tour du *Coin*, célèbre par l'évasion suprenante du marquis de Latude et de son compagnon Antoine Allègre.

La tour de la *Chapelle*.

La tour du *Trésor*.

La tour de la *Comté*.

Ces huit tours, où les grands seigneurs surtout avaient le privilège peu enviable d'être *embastillés* au moyen des fameuses lettres de cachet, n'avaient pas toutes la même disposition intérieure. Les tours du Coin, de la Comté et de la Bazinière, avaient chacune cinq étages, celles de la Chapelle et du Trésor n'en avaient que deux dont la hauteur atteignait sept mètres, et celle de la Liberté et de la Bertaudière en avaient trois. Sous la plupart il y avait des cachots infects où ne pénétraient ni air ni lumière et dont le sol à cinq pieds au-dessous des fossés était constamment recouvert d'une fange visqueuse remplie de vermine. Les prisonniers y mouraient rapidement; aussi depuis longtemps ces hideux in-pace n'étaient plus utilisés.

L'intérieur du parallélogramme formé par les huit tours dont nous venons de parler, était séparé en deux par une suite de bâtiments allant de la tour de la Chapelle à la tour de la Liberté. Ces bâtiments renfermaient la salle du Conseil, la Bibliothèque, les appartements du lieutenant du roi et du chirurgien, et quelques cellules réservées aux malades de distinction.

Entre ces bâtiments et la porte d'entrée leur faisant face, se trouvait la *grande cour* de vingt mètres de long sur dix de large environ ; les prisonniers regardaient comme un privilège la permission de passer une heure au plus par jour dans cette sorte de préau. De l'autre côté des bâtiments du centre, se trouvait une plus petite cour de douze mètres de long sur six de large, qui, par suite de ses étroites dimensions et de la hauteur des murs qui l'entouraient, était un infect cloaque d'où s'échappaient des émanations putrides : on l'appelait la cour du Puits.

La forteresse était entourée de larges fossés, sur lesquels était jeté un pont-levis, faisant communiquer l'entrée de la Bastille avec un pont dormant et un large mur d'enceinte où se trouvait le chemin de ronde. Au bout de ce pont, s'ouvrait une cour sur laquelle donnaient le corps de garde, les cuisines, les écuries et enfin l'hôtel du Gouverneur. Cette première cour communiquait avec la rue Saint-Antoine par un pont-levis, dit pont de l'Avancée.

C'est par ce pont de l'Avancée, que le peuple pénétra, le 14 juillet 1789, dans les ouvrages extérieurs. Un ancien soldat, ayant escaladé le corps de garde, était descendu dans la cour du Gouvernement et, après avoir fait sauter les ferrures de la porte, avait abaissé le pont-levis. La foule aussitôt se précipita dans la cour : mais elle fut arrêtée par le grand pont-levis au bout du pont dormant. Les défenseurs de la forteresse avaient en quantité des armes et des munitions ; mais ils manquaient de vivres. Aussi le Gouverneur, M. le marquis de Launay, après avoir pris l'avis de son Conseil, se décida à la capitulation,

moyennant la promesse formelle de la vie sauve pour
tous les assiégés. Le peuple promit et, sur sa parole,
les clefs furent remises à ses délégués. Aussitôt les
portes ouvertes et les ponts-levis baissés, la populace
se rue sur tous les malheureux qu'elle rencontre, les
massacrant à coup de fourches et de haches, au
mépris de sa promesse verbale. Elle emmène à l'Hôtel-
de-Ville les quelques survivants, parmi lesquels se
trouve M. de Launay, pour les incarcérer en attendant leur jugement. Mais le peuple, impatient, fond
sur les prisonniers et les massacre tous. La tête du
Gouverneur et le cœur de Flesselles, prévôt des
marchands, sont promenés au bout d'une pique en
trophées sanglants à travers les rues de Paris.

Les assaillants qui étaient restés à la Bastille, par-
coururent en fureur les étroits escaliers, les sombres
cellules et les obscurs cachots, brisant et détruisant
tout sur leur passage ; ils espéraient trouver nombre
de prisonniers ; mais ils n'en découvrirent que sept
en tout, dont cinq enfermés comme faux-monnoyeurs.

Quelques jours plus tard, le Comité décréta la démo-
lition de la Bastille ; les matériaux furent vendus, et
l'un des entrepreneurs des travaux fit faire, avec les
pierres de taille, 83 petites bastilles qui furent données aux principales villes des provinces ; plusieurs
musées de nos départements en ont conservé le spécimen. Une grande partie des matériaux fut employée
à l'édification du pont de la Concorde.

Toutes ces scènes terribles de notre histoire, qui
passent devant nos yeux comme de la fantasmagorie,
s'évanouissent à l'aspect de la magnifique salle des
Fêtes que MM. Pérusson et Colibert ont eu l'ingé-

nieuse idée d'installer dans la grande cour de la Bastille reconstituée, près du Champ-de-Mars, telle qu'elle existait en 1789. Cette salle, plus grande que l'ancienne cour, par suite de la différence d'épaisseur des murs, a reçu une charmante décoration ; son plafond, peint en bleu et parsemé d'une multitude de fleurs de lys d'or, est d'un gracieux effet ; les lumières ont été répandues à profusion, et à l'extrémité de la salle, une vaste scène a été organisée pour conférences, bals, concerts, etc.

Ces représentations théâtrales, au cœur même de la Bastille reconstituée, rappellent aux spectateurs les réjouissances prbliques qui se donnèrent sur l'emplacement de la Bastille Saint-Antoine. On y célébra des fêtes de la Fédération ; puis une grande statue de la Nature y fut élevée. Ensuite, on décréta l'érection d'une fontaine monumentale qui devait représenter un éléphant en bronze provenant des canons pris à Friedland. Enfin, en 1831, le roi Louis-Philippe fit ériger la colonne que l'on y voit actuellement, dite Colonne de Juillet, en commémoration des citoyens morts pendant les fameuses journées des 27, 28 et 29 juillet 1830.

RENSEIGNEMENTS DIVERS

MINISTÈRES & ADMINISTRATIONS PUBLIQUES

Chambre des Députés, palais Bourbon, quai d'Orsay.
Sénat, palais du Luxembourg, 23, rue de Vaugirard.
Ministère des Affaires étrangères, rue de l'Université, 430, quai d'Orsay et rue d'Iéna.
— des Travaux publics, boulevard Saint-Germain.
— des Finances, au Louvre, place du Palais-Royal.
— de la Guerre, 86, rue Saint-Dominique et boulevard Saint-Germain.
— de l'Instruction publique, 110, rue de Grenelle.
— de l'Intérieur, place Beauveau (faubourg St-Honoré, 94). Bureaux, rue Cambacérès, 7-9, rue de Varennes, 78 bis, et rue de Grenelle, 203.
— de la Justice et des Cultes, place Vendôme, 13.
— de la Marine, rue Royale, 2.
— de l'Agriculture, rue de Varenne.
— du Commerce, rue de Varenne et boulevard Saint-Germain, 144.
— des Postes et Télégraphes, rue de Grenelle, 103.
Préfecture de la Seine, installation des services administratifs à l'Hôtel de Ville.
Administration des Postes, à l'Hôtel des Postes.
Palais de Justice, boulevard du Palais.
Tribunal de Commerce, boulevard du Palais.
Conseil d'Etat, place du Palais-Royal.
Légion d'Honneur, rue Solférino, 1.
Caisse des Dépôts et Consignations, quai d'Orsay, 3.
Recette générale de la Seine, 16, place Vendôme.
Banque de France, rue Croix-des-Petits-Champs, 33.
Timbre, rue de la Banque.

AMBASSADES & CONSULATS

Autriche-Hongrie. — 7, avenue de l'Alma.
Angleterre. — 39, Faubourg St-Honoré.
Russie. — 79, Rue de Grenelle.
Allemagne. — 78, Rue de Lille.
Espagne. — 53, Rue St-Dominique.
Belgique. — 153, Faubourg St-Honoré.

États-Unis. — 59, Rue Galilée.
Bavière. — 23, Rue Washington.
Bolivie. — 44, Avenue des Champs-Élysées.
Brésil — 17, Rue de Téhéran.
Chili. — 36, Rue Washington.
Chine — 7, Place Victor Hugo.
Colombie. — 10, Boulevard d'Enfer.
Costa-Rica. — 16, Rue Pierre-Charron.
Danemarck. — 29, Rue de Courcelles.
Equateur. — 41, Boulevard Malesherbes.
Grèce. — 46, Rue Pierre Charron.
Guatémala. — 16, Rue Pierre Charron.
Haïti. — 9, Rue Montaigne.
Havaï. — 5, Rue Nouvelle.
Honduras. — 136, Avenue du Trocadéro.
Italie. — 11, Rue de Penthièvre.
Japon. — 75, Avenue Marceau.
Libéria. — 34, Rue des Petits-Hôtels.
Luxembourg. — 153, Faubourg St-Honoré.
Mexique. — 46, Avenue Kléber.
Monaco. — 5, Boulevard de Latour-Maubourg.
Nicaragua. — 56, Rue Bassano.
Paraguay. — 2, Rue de Moncey.
Pays-Bas. — 21, Rue Lapérouse.
Pérou. — 26, Rue Beaujon.
Perse. — 1, Place d'Iéna.
Portugal. — 45, Avenue Marceau.
République Argentine, — 22, Rue de Téhéran.
République d'Orange. — 58, Boulevard Pereire.
République Dominicaine, — 1, Rue Balzac.
Roumanie. — 5, Rue de Penthièvre.
Saint-Marin. — 12, Place Vendôme.
Saint-Siège. — 58, Rue de Varennes.
San-Salvador. — 56, Rue Bassano.
Serbie. — 240, Rue de Rivoli.
Siam. — Rue de Siam.
Suède et Norvège. — 7, Rue Gœthe.
Suisse. — 4, Rue Cambon.
Turquie. — 10, Rue Presbourg.
Uruguay. — 7, Rue Logelbach.
Vénézuéla. — 5, Rue de Presbourg.
Villes-Libres, 12, rue de Matignon.
Wurtemberg, 5. rue de Presbourg.
Zanzibar. — 37, rue Taitbout.

MAIRIES DE PARIS

Ier ARRONDISSEMENT. — Louvre. — Place du Louvre.
II — — Bourse. — Rue de la Banque, 8.
III — — Temple. — Square du Temple, rue Perrée.
IV — — Hôtel-de-Ville. — Place Baudoyer.
V — — Panthéon. — Place du Panthéon.
VI — — Luxembourg. — Rue Bonaparte, 78.
VII — — Palais-Bourbon. — Rue de Grenelle, 116.
VIII — — Elysée. — Rue d'Anjou, 11.
IX — — Opéra. — Rue Drouot, 6.
X — — Saint-Laurent. — Faubourg-St-Martin, 72.
XI — — Popincourt. — Place Voltaire.
XII — — Reuilly. — Avenue Daumesnil (angle de la rue de Charenton).
XIII — — Gobelins. — Place d'Italie.
XIV — — Observatoire. — Place de Montrouge.
XV — — Vaugirard. — Rue Peclet.
XVI — — Passy. — Rue de la Pompe et avenue du Trocadéro.
XVII — — Batignolles—Monceaux. — Rue des Batignolles, 18.
XVIII — — Butte-Montmartre. — Place des Abbesses.
XIX — — Butte-Chaumont. — Place Armand-Carrel.
XX — — Ménilmontant. — Place des Pyrénées.

OMNIBUS

A D'Auteuil à la Madeleine, par Passy et le Trocadéro.

B De la gare de l'Est au Trocadéro. — (Square Montholon, gare Saint-Lazare et rue Pierre-Charron.

C De la Porte-Maillot à l'Hôtel-de-Ville. — (Arc-de-Triomphe).

D Des Ternes au boulevard des Filles-du-Calvaire (omnibus jaune à bande rouge). — (Palais-Royal).

D *bis*. De la place des Ternes au boulevard des Filles-du-Calvaire (omnibus jaune à bande noire).

E De la Madeleine à la Bastille, par tous les boulevards intérieurs.

F De Monceau à la Bastille par la gare Saint-Lazare.

G Du square des Batignolles au Jardin des Plantes. — (Châtelet, Palais-Royal).

H De Clichy à l'Odéon. — (Palais-Royal, boulevard des Italiens, place Moncey).

I De la place Pigalle à la Halle aux Vins, par la place de la Bourse.

J De Montmartre à la place Saint-Jacques. — (Châtelet, les Halles, rue et faubourg Montmartre, square Montholon).

K De la gare du Nord au boulevard Saint-Marcel (à la hauteur de l'avenue des Gobelins). — (Rue et faubourg Saint-Denis, Châtelet, Jardin des Plantes).

L De La Villette (les Abattoirs) à Saint-Sulpice. — (Faubourg et rue Saint-Martin, place Saint-Michel).

M Arts-et-Métiers au Lac-Saint-Fargeau (Belleville).

N De Belleville à la rue du Louvre.

O De Ménilmontant (place des Pyrénées) à la gare Montparnasse. — (Hôtel-de-Ville, Saint-Germain-des-Prés).

P De Charonne à la place d'Italie (cimetière du Père-Lachaise, Bastille, chemins de fer de Vincennes et d'Orléans, Salpêtrière).

Q De Plaisance à l'Hôtel-de-Ville. — (Rue de Vanves, avenue du Maine, Luxembourg, place Saint-Sulpice, place Saint-Michel).

R De la gare de Lyon à Saint-Philippe-du-Roule.

S Porte de Charenton à la place de la République, par la Bastille.

T De la place Walhubert (chemin de fer d'Orléans) au square Montholon. — (Jardin des Plantes, Halle aux Vins, Hôtel de Ville).

U Du parc de Montsouris à la place de la République. — (Rues Monge et Pascal, place Maubert, Halle aux Vins, pont Sully.

V Du boulevard de Vaugirard (angle des rues de l'Armorique et du Château) au chemin de fer du Nord. — Croix-Rouge, Saint-Germain-des-Prés).

X De la rue Gerbert (Vaugirard) à la gare Saint-Lazare. — (Le Bon Marché, rue du Bac, marché Saint-Honoré).

Y De Grenelle à la Porte-Saint-Martin. — (École Militaire, Gros-Caillou, faubourg Saint-Germain, pont Royal, Palais-Royal).

Z De Grenelle (église Saint-Jean-Baptiste) à la Bastille.

AB De Passy à la place de la Bourse. — (Quartier des Bassins, Arc de Triomphe, Madeleine, boulevard des Capucines).

AC De la Petite-Villette aux Champs-Elysées. — (Madeleine, chemin de fer du Nord).

AD De la place de la République à l'École-Militaire. — (Rue du Temple, Châtelet, pont Neuf, Saint-Germain-des-Prés, les Invalides).

AE Des Forges d'Ivry à la place Saint-Michel.

AF Du Panthéon à la place Courcelles. — (Les ministères, Champs-Elysées, la Madeleine, Saint-Augustin, parc Monceaux).

AG De Vaugirard (porte de Versailles) à la rue du Louvre.

AH D'Auteuil à la place Saint-Sulpice, par Grenelle.

AI Du pont Saint-Michel à la gare Saint-Lazare. — (Châtelet, Palais-Royal, Opéra).

AJ Du Parc-Monceaux à la Villette (place de l'Église).

TQ De l'avenue d'Ivry (devant le n° 17) à la Pointe-Saint-Eustache. — (Les Gobelins, le Luxembourg, Châtelet, les Halles).

RA De la rue du Théâtre (Grenelle) à la rue Saint-Charles.

OA De la Bourse à la gare Montparnasse.

OB Du Château-d'Eau à la gare Saint-Lazare.

SA De la Bourse au chemin de fer de Sceaux.

TRAMWAYS

(A) Louvre à Boulogne et Saint-Cloud ; à Sèvres, Chaville, Viroflay et Versailles.

(C) Louvre à Saint-Mandé et à Vincennes, par les quais de la rive droite et faubourg Saint-Antoine.

3 De la Villette à la place de l'Étoile et au Trocadéro, par les boulevards extérieurs.

(E) De la Villette à la place de la Nation, par les boulevards extérieurs.

5 Place de l'Étoile à la Porte-Maillot, Neuilly, Courbevoie, Puteaux et Suresnes.

6 La Madeleine à la place Pereire et à Levallois-Perret.

7 La Madeleine à la place Pereire, boulevard Bineau et à l'île de la Grande-Jatte.

8 La Madeleine à l'avenue de Neuilly, se reliant à la ligne de l'Etoile.

9 Boulevard Haussmann à Clichy, Asnières et Gennevilliers.

10 Boulevard Haussmann à Saint-Ouen et Saint-Denis.

11 Opéra à Saint-Denis (place des Casernes).

12 Saint-Germain-des-Prés à Montrouge, Châtillon et Fontenay-aux-Roses.

13 Jardin de Cluny à la Maison-Blanche, Gentilly et Bicêtre, par la place Maubert, la rue Monge et les avenues des Gobelins et d'Italie.

14 Gare Montparnasse à l'Arc-de-Triomphe. — (Pont de l'Alma, Hippodrome).

15 Gare Montparnasse à la Bastille. — (Observatoire, boulevard de Port-Royal, la Salpêtrière, gares d'Orléans, de Lyon et de Vincennes).

16 Place de la République à la Villette et Aubervilliers.

17 Place de la République à la Villette et à Pantin.

18 De la Bastille à Saint-Mandé et à Charenton, par l'avenue Daumesnil.

19 Saint-Germain-des-Prés à Vaugirard, Issy, Vanves et Clamart.

20 De la place de la Nation à Montreuil.

21 Du Louvre au cours de Vincennes (chemin de fer de ceinture), par la rue de Turbigo, le Château-d'Eau et le boulevard Voltaire.

22 (G) Montrouge au chemin de fer de l'Est, par l'Observatoire et les boulevards Saint-Michel, Sébastopol et Strasbourg.

23 Place Walhubert à la place du Trône. — (Quai d'Austerlitz, pont de Bercy).

42 De la Chapelle au square Monge. — (Faubourg Saint-Denis-boulevards de Strasbourg, Sébastopol, Saint-Michel et rue des Ecoles).

25 De la Bastille au cimetière Saint-Ouen.

26 (L) Bastille à la Chambre des Députés, par les boulevards Henri IV et Saint-Germain.

27 (M) Gare de Lyon à la place de l'Alma. — (Pont d'Austerlitz, gare d'Orléans, Jardin des Plantes, Halle aux Vins, boulevard Saint-Germain, les Invalides).

28 (J) Louvre à Passy (chaussée de la Muette), par les quais des Tuileries et de la Conférence.

29 (K) Louvre à Charenton, par la Bastille.

30 Jardin de Cluny à la place Jeanne-d'Arc et Vitry.

31 Jardin de Cluny à Ivry.

32 Place Walhubert (gare d'Orléans) à Villejuif.

33 Vanves à l'avenue d'Antin, par Vaugirard et l'École Militaire.

34 Boulevard Haussmann (rue Taitbout) à Passy (chaussée de la Muette).

BATEAUX-OMNIBUS

(MOUCHES, HIRONDELLES)

1º TRAVERSÉE DE PARIS : STATIONS :

Semaine, 10 c. — Dimanches et Fêtes, 20 c.

AVIS. — Les dimanches et fêtes, les voyageurs ont la faculté de prendre une correspondance pour les bateaux de Charenton au Pont d'Austerlitz. — Pour les soldats et sous-officiers en uniforme, une perception de 15 centimes donnera droit à la correspondance.

Pont de Bercy;	r. d.	Pont de la Concorde.	
Pont d'Austerlitz;	r. g.	Pont des Invalides;	r. d.
Pont Sully, Ile St-Louis.		Pont de l'Alma;	r. d.
Pont de la Tournelle;	r. g.	Champ-de-Mars;	r. g.
Hôtel de Ville;	r. d.	Passy, Trocadéro;	r. d.
Châtelet;	r. d.	Pont de Grenelle;	r. d.
Pont des Sts-Pères;	r. g.	Javel;	r. d.
Pont Royal, Tuileries.		Pont Viaduc d'Auteuil;	r. d.

2º DU PONT D'AUSTERLITZ AU PONT DE CHARENTON

Avec escales à la Gare, *r. g.;* pont National, *r. d.;* Ivry, *r. g.;* les Carrières, *r. d.,* et Alfort.

Prix : Semaine, **10** c.; Dimanches et Fêtes, **15** c.

3º SERVICE FAIT PAR LES *HIRONDELLES*
QUAI DES TUILERIES A SURESNES

Avec escales à Billancourt, Bas-Meudon, Sèvres, Saint-Cloud, Longchamp *(les jours de Courses et de Revues seulement)* et Suresnes.

Départ toutes les heures, depuis 8 heures du matin.

Prix : Semaine, **20** c.; Dimanches et Fêtes, **40** c.

Un service spécial a lieu tous les matins entre Auteuil et Saint-Cloud.

MONUMENTS RELIGIEUX

Les principaux sont les suivants :

Églises Catholiques :

Notre-Dame-de-Paris, monument du XIIe siècle. — Place du Parvis.

La Sainte-Chapelle, monument du XIIIe siècle, — cour du Palais de Justice, boulevard du Palais.

Saint-Séverin, XIIIe, XIVe, XVe siècles. — Place du même nom.

Saint-Etienne-du-Mont, XVIe siècle. — Place du Panthéon.

Saint-Nicolas-du-Chardonnet, XVIIe siècle.—Rue St-Victor.

Saint-Jacques-du-Haut-Pas, XVIIe siècle. — Rue Saint-Jacques,

Le Val-de-Grâce, XVIIe siècle. — Rue Saint-Jacques.

Saint-Sulpice, XVIIe siècle. — Place Saint-Sulpice.

Saint-Germain-des-Prés, XIe et XIIe siècles.—Place Saint-Germain-des-Prés.

Saint-Louis-en-l'Ile, XVIIe siècle. — Rue St-Louis-en-l'Ile.

La Madeleine, XVIIe siècle. — Place de la Madeleine.

Saint-Julien-le-Pauvre, Chapelle du XIIe siècle, — ancien Hôtel-Dieu.

Saint-Germain-l'Auxerrois, XIIIe siècle. — Place Saint-Germain-l'Auxerrois.

Saint-Gervais, XVe siècle. — Place Saint-Jean, derrière l'Hôtel de Ville.

Saint-Merry, XVIe siècle. — Rue Saint-Martin.

Saint-Nicolas-des-Champs, XVe siècle. — Rue Saint-Martin.

Saint-Eustache, XVIe siècle. — Rue du Jour, près les Halles Centrales.

Saint-Laurent, XVe et XVIe siècles. — Boulevard de Strasbourg, près la gare de l'Est.

Saint-Roch, XVIIe siècle. — Rue Saint-Honoré.

Saint-Philippe-du-Roule, XVIIIe siècle. — Rue du Faubourg Saint-Honoré.

Saint-Pierre de Montmartre, XIIe siècle. — Dépendance de l'ancienne Abbaye.

L'Assomption, XVIIe siècle. — Rue Saint-Honoré.

Un grand nombre d'Églises modernes fort intéressantes comme : *Saint-Vincent-de-Paul — Notre-Dame-de-Lorette — Notre-Dame-des-Victoires — Saint-Pierre de Montrouge — Sainte-Clotilde—Saint-Augustin—L'Eglise Russe*, sont à voir.

Culte Israélite :

TEMPLES

Rue de la Victoire.	Rue Notre-Dame-de-Nazareth.
Rue Buffault (Rite Portugais)	Rue des Tournelles.

Culte Protestant :

ÉGLISES

L'*Oratoire*, 147, rue St-Honoré	Rue de la Santé.
Rue Roquépine.	Rue de l'Ouest.
Avenue de la Grande-Armée,	Rue des Sablons.
Rue Chauchat.	Rue Meyer.
Boulevard des Batignoles.	Rue de Charonne.
Rue de Grenelle, 106.	Square Napoléon.
Rue Tournefort.	Cité d'Antin.
Rue des Poissonniers.	Rue de Crimée.
Rue Dulong.	Rue Quinault.

Sur le boulevard Arago se trouve le *Séminaire Protestant*.

Armée du Salut. — *L'Armée du Salut* a sa maison d'habitation et sa Salle de Conférences, 187, Quai Valmy.

CASERNES :

Château-d'Eau. — Place de la République.
La Nouvelle France. — Faubourg Poissonnière.
La Pépinière. — Avenue Portalis.
Desaix. — École Militaire.
Bellechasse. — Quai d'Orsay.
Tournon. — Rue de Tournon.
Lourcine. — Rue de Lourcine.
Mouffetard. — Rue Mouffetard.
Des Célestins. — Ancien Couvent des Célestins.
Reuilly. — Rue de Reuilly.
Des Minimes. — Rue de Béarn.
Lobau. — Place Lobau.
La Cité. — Boulevard du Palais.
Des Petits-Pères. — Rue de la Banque.
Etat-Major des **Pompiers**. — Boulevard du Palais.
Etat-Major de la **Garde Républicaine**. — Boulevard du Palais.

POSTES

Bureaux ouverts au public.

Le service dans Paris s'exécute :

1° — Dans les bureaux du Nouvel Hôtel des Postes;

2° — Dans les bureaux d'*arrondissement*, échelonnés dans les différents quartiers de Paris, qui participent aujourd'hui à toutes les opérations.

Poste restante. — Beaucoup d'étrangers, ne sachant souvent à quel hôtel ils descendront, se font adresser leurs lettres *poste restante*, au bureau de l'Hôtel des Postes ou dans l'un des bureaux de poste de quartier.

Les guichets de la poste restante de l'Hôtel des Postes et des bureaux de quartier sont ouverts aux mêmes heures que les bureaux dont ils dépendent.

Avoir soin de se munir d'un passeport, ou d'une pièce en règle, pouvant faire constater l'identité.

Nota. — Pour pouvoir être dirigées sur un bureau de poste de quartier, il est absolument indispensable que les correspondances portent sur l'adresse, en outre de l'indication « poste restante », la désignation du nom de la rue où se trouve situé ce bureau. A défaut d'indications précises, les correspondances sont acheminées sur le bureau central.

Affranchissements. — On peut affranchir, recommander ou charger des lettres, boîtes, etc..., envoyer des mandats d'articles d'argent, et en toucher dans tous les bureaux de poste de Paris, tous les jours, de 8 h. du matin à 8 h. du soir, et les dimanches jusqu'à 7 h. Mais si l'on veut qu'une lettre parte par les courriers du soir, il faut qu'elle soit déposée :

Avant **5** h. aux bornes-postes et boîtes des quartiers :

Avant **5** h. **1/2** aux bureaux ordinaires;

Avant **6** h. à la grande poste et aux bureaux de la place de la Bourse, de la rue de Cléry, 30, et de la place du Théâtre-Français.

TARIF FRANÇAIS

LETTRES ORDINAIRES

Taxe uniforme pour Paris, la France et l'Algérie

Aff.   jusqu'à 15 gr.,   15 c., non aff., » 30 c.

— de 15 gr. à 30   30   —   » 60

et ainsi de suite en ajoutant 15 c. par 15 gr. pour les lettres affranchies et 30 c. par 15 gr. pour les lettres non affranchies.

Lettres recommandées. — Elles ne payent qu'un droit fixe de 25 c. en plus de l'affranchissement des lettres ordinaires de même poids.

Lettres chargées avec valeurs déclarées. — Outre l'affranchissement des lettres recommandées de même poids, les lettres chargées payent un droit de 10 c. par cent francs (Maximum de la déclaration 10,000 francs).

Cartes postales simples. — Prix uniforme pour Paris, la France et l'Algérie : 10 c. *Cartes postales avec réponse payée,* 10 c. pour l'une et 10 c. pour l'autre partie, en tout 20 c.

Cartes-lettres. — Prix uniforme pour Paris, la France et l'Algérie 15 c. — Les cartes-lettres peuvent être recommandées moyennant un droit fixe de 25 c., et donnent lieu, dans ce cas, à l'émission d'un avis de réception de 10 c.

TARIF ÉTRANGER

UNION POSTALE UNIVERSELLE

Tous les pays d'Europe font partie de l'Union postale, ainsi que les pays Étrangers dont la nomenclature suit :

Brésil, Chili, Colombie, Colonies anglaises (un certain nombre), Colonies françaises, Égypte, Équateur, Etats-Unis, Guatelama, Haïti, Hawaï, Honduras, Japon, Libéria, Mexique, Nicaragua, Paraguay, Pérou, Perse, République Argentine, République dominicaine, Salvador, Uruguay, Vénézuéla.

TARIF

Lettres ordinaires affranchies. — Prix uniforme : 25 c. par 15 grammes. *Lettres ordinaires non affranchies.* — Prix uniforme : 50 c. par 15 gr. *Lettres recommandées.* — Droit fixe de 25 c. en plus de l'affranchissement d'une lettre ordinaire de même poids. *Cartes-lettres.* — Prix : 25 c.

TÉLÉGRAPHES

Les bureaux sont ouverts: l'Été, 1ᵉʳ mars, de 7 h. du matin à 9 h. du soir, et l'Hiver, 1ᵉʳ novembre, de 8 h. du matin à 9 h. du soir.

Sont ouverts jusqu'à 11 heures du soir, les bureaux des *Champs-Élysées*, de la *rue de Lyon*, de la *place de la République*, de la *gare du Nord*, de la *gare d'Orléans*, de l'*avenue de l'Opéra*, du *boulevard Saint-Denis*, de la *rue Boissy-d'Anglas*, de la *rue de Vaugirard*, de la *rue Saint-Lazare*, de la *rue des Halles* et du *boulevard des Capucines*.

Jusqu'à minuit *les bureaux du Grand-Hôtel*, de la *place du Havre* et de la *rue Saint-Lazare*.

Sont ouverts toute la nuit les bureaux de la *rue de Grenelle* et de la *place de la Bourse*.

TARIF INTÉRIEUR

De Paris pour Paris (limites du nouvel octroi).
(Cartes-Télégrammes échangées par la voie des tubes pneumatiques et indépendantes du nombre de mots.)

Formules de dépêches remises ouvertes.	0 30
— — — fermées	0 50

NOTA. — On les dépose dans les boîtes portant l'inscription : « Cartes-Télégrammes ».

Entre deux bureaux de France (Corse et principauté de Monaco comprises), le mot. 0 05
avec un minimum de 50 cent. par dépêche.

De la France pour l'Algérie et la Tunisie, par mot (avec minimum de 10 mots par télégramme).   0 10

TARIFS INTERNATIONAUX

TAXE PAR MOT, SANS MINIMUM DE MOTS OBLIGATOIRE

VOIES DIRECTES	Le mot.
Allemagne	0 20
Angleterre-Irlande (et les îles de la Manche).	0 25
Autriche.	0 30
— **Hongrie**.	0 35
Belgique (correspondance générale)	0 15
Danemark	0 35
Égypte (voie de Turquie) 1re Région. . . .	1 70
2me Région. . . .	1 95
Espagne	0 20
Grèce continentale.	0 55
Italie.	0 20
Luxembourg (Relations générales)	0 12 1/2
Norwège	0 40
Pays-Bas. . . . . » . . .	0 20
Portugal	0 25
Russie : Russie d'Europe.	0 60
— Russie d'Asie.	0 85
Suède.	0 45
Suisse (Relations générales)	0 15
Turquie : Turquie d'Europe.	0 60
— Turquie d'Asie (ports de mer) . .	0 85
— Turquie d'Asie (intérieur) . 0 95 et	1 05

SPORT

Les Courses de Paris étant une grande attraction de la capitale, nous citerons au nombre des plus célèbres :

Les Courses de Longchamps. — Au Bois de Boulogne, devant la grande Cascade. — C'est sur l'Hippodrome de Longchamps qu'est couru en juin, à la réunion d'été, le **Grand Prix de Paris** (100.000 fr.).

Les Courses de la Marche. — Station de Ville-d'Avray, ligne de Versailles.

Les Courses d'Auteuil. — A Auteuil, Bois de Boulogne.

Les Courses de Chantilly. — A 50 minutes de Paris par le chemin de fer du Nord ; où se court au mois de mai le prix du Jockey-Club.

Les Courses de Fontainebleau. — Chemin de fer de Lyon. — Excursion des plus ravissantes.

Les Courses du Vésinet. — Chemin de fer de Saint-Germain, gare Saint-Lazare.

Les Courses de Vincennes, d'**Enghien**, de **Saint-Ouen**, de **Maisons-Laffite**, et d'**Achères** près Saint-Germain.

Tarif des Voitures de Place et de Remise

Le jour, de 6 h. du matin en été et 7 h. en hiver à minuit 30.
La nuit, de minuit 30 à 6 h. du matin en été et 7 h. en hiver.

VOITURES DE PLACE & DE REMISE prises sur la voie publique	JOUR		NUIT		HORS Fortificat.
	course	heure	course	heure	heure
Deux places..................	1 50	2 »	2 25	2 50	2 50
Quatre places...............	2 »	2 50	2 50	2 75	2 75
Six places..................	2 50	3 »	3 »	3 50	3 50

Indemnité de retour hors des fortifications : 4 fr., lorsque le voyageur laissera la voiture au delà des fortifications.
Bagages : 25 c. par colis ; 3 colis et au-dessus : 75 c.

EXTRAIT DES RÈGLEMENTS

1° Les cochers de voitures dépourvues de galeries ne sont pas tenus d'accepter des bagages.

Ne sont pas regardés comme colis les valises et objets pouvant être portés à la main ou placés dans la voiture sans la détériorer.

2° Les cochers ont le droit de demander des arrhes lorsqu'ils attendent à l'entrée d'un jardin ou d'un établissement où il est notoire qu'il existe plusieurs issues.

3° Les cochers ne sont pas tenus d'admettre plus de voyageurs qu'il n'y a de places indiquées à l'intérieur de leurs voitures.

Nota. — La voiture munie d'un strapontin est considérée comme voiture à deux places, mais le cocher qui a accepté trois voyageurs n'a plus le droit de refuser de conduire.

Un enfant au-dessous de cinq ans ne compte pas pour une personne.

4° Lorsque le temps employé pour le déplacement du cocher et l'attente du voyageur au lieu de chargement excède quinze minutes, le tarif à l'heure est appliqué à partir du moment où la voiture a été louée.

5° Le cocher qui se rend au lieu de chargement et n'est pas occupé, a droit à la moitié d'une course, si le temps employé pour le déplacement et l'attente ne dépasse pas un quart d'heure; le prix entier d'une course, si le temps excède un quart d'heure.

6° Lorsque le cocher est requis de s'arrêter en route ou de changer l'itinéraire le plus direct, l'heure est due. Toutefois le cocher, quoique pris à la course, est tenu de laisser monter ou descendre un voyageur en route.

7° Après dix heures du soir en hiver et minuit en été, les cochers ne sont pas tenus de franchir les fortifications.

8° Ils ne sont pas obligés non plus de recevoir des animaux.

9° Ils seront prévenants envers le public. Tout acte de grossièreté de leur part sera sévèrement réprimé.

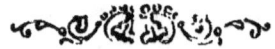

CHEMINS DE FER

Gare Saint-Lazare. — Versailles; St-Germain; Auteuil, Champ-de-Mars et Ceinture; Argenteuil et Paris-Nord. — Mantes. Rouen, Fécamp, Le Havre, Dieppe par Rouen. — Dieppe par Pontoise, Gisors et Gournay-Ferrières. — Evreux, Caen, Cherbourg; Trouville-Deauville et Honfleur. — Angers. — Redon. — Place du Havre, rue de Rome et rue d'Amsterdam.

La Compagnie des Chemins de fer de l'Ouest délivre des billets d'aller et retour entre toutes les gares de son réseau et Paris, et *vice-versa.*

Ces billets d'aller et retour comportent une réduction de 25 0/0 sur les billets ordinaires de 1re, 2e et 3e classes.

Gare Montparnasse. — Versailles, r. g.; départ de Paris à toutes les heures 5 minutes, de 7 h. 5 à minuit 5 (matin et soir deux trains par heure). — Chartres, Le Mans, Rennes, Saint-Brieuc, Brest, Saint-Malo. — Angers, Redon. — Dreux, Laigle, Alençon, Argentan, Flers, Granville. — Boulevard Montparnasse, 44.

Gare de l'Est, place et rue de Strasbourg. — Meaux, Épernay, Châlons, Nancy, Avricourt et l'Alsace-Lorraine. — Reims et les Ardennes. — Troyes, Belfort, Bâle.

— Ligne de Paris à Vincennes et à Brie-Comte-Robert, place de la Bastille.

Gare du Nord, place de Roubaix et 48, rue de Dunkerque. — Amiens, Boulogne, Calais, l'Angleterre. — Lille. — Soissons et les Ardennes. — Compiègne, Saint-Quentin, Cologne, la Belgique, la Hollande, l'Allemagne et la Russie.

Gare de Lyon, boulevard Diderot, 20. — Fontainebleau Dijon, Mâcon, Lyon, Avignon, Marseille, Toulon, Nice. — Nevers Vichy, Saint-Étienne, Nîmes, Montpellier. — La Suisse et l'Italie.

Gare d'Orléans, boulevard de l'Hôpital. — Orléans, Tours, Poitiers, Angoulême, Bordeaux, Bayonne et l'Espagne. — Tours. Saumur, Angers et Nantes. — Limoges, Toulouse et les Pyrénées, Périgueux.

— Lignes de Sceaux et de Limours, place Denfert-Rochereau.

PARCS

Trois beaux parcs servent de promenades aux parisiens, ce sont :

Le Parc Monceau qui a été formé d'une propriété historique, ayant appartenu, avant que la Ville en fît l'acquisition, à la famille d'Orléans et qui faisait partie des biens saisis à cette famille par le Gouvernement français, avant l'avènement du second Empire. C'est vers 1860 qu'elle fut érigée en promenade publique.

Elle est au centre d'un des plus beaux quartiers de Paris.

On y voit encore des vestiges de l'ancien hôtel de Gabriell d'Estrée; notamment une fort jolie colonnade qui entoure un bassin, à l'usage autrefois de bain froid, dépendant de l'ancien hôtel.

Parc de Montsouris. — Ce parc est très vaste et dans une situation élevée, d'où on découvre les coteaux du Sud et du Sud-Est de Paris. La perspective en est belle.

Au milieu se trouve l'Observatoire du même nom, il est de fondation récente.

Buttes Chaumont. — Superbe promenade, créée sur un terrain abrupte et accidenté, dont on a tiré un merveilleux parti, au point de vue pittoresque.

Des jardins anglais, plantés au sommet et sur le versant des Buttes, ainsi que dans les vallées relativement profondes qu'elles forment entre elles, une grotte en stalactites et stalagmites, une cascade, un lac et un point de vue duquel on découvre le panorama de Paris, en forment l'attraction.

JARDINS

Les principaux sont les suivants :

Jardin des Plantes. — En dehors de son but utile, ce jardin est comme promenade un des plus fréquentés de Paris. Il renferme : le Jardin botanique et de très belles serres, le Muséum d'histoire naturelle, une Ménagerie très complète, des collections de reptiles, de quadrupèdes, de volatiles, etc., etc.

La fosse aux ours, la cage des singes et celle des fauves, attirent particulièrement les curieux.

Des cours publics ont lieu au Muséum tous les jours, excepté le dimanche.

La création du Jardin des Plantes date de 1633.

Il est ouvert au public tous les jours de 8 heures à 6 heures et la Ménagerie de 10 h. à 4 h.

Jardin des Tuileries. — Ce Jardin faisait autrefois partie de l'ancienne résidence des souverains, le Palais des Tuileries, incendié par l'insurrection communaliste en 1871.

La partie entourée d'un fossé d'enceinte formait le jardin réservé ; celle comprise entre ce fossé et la place de la Concorde, y compris les terrasses, fut en tout temps accessible au public, comme aujourd'hui.

Ces deux parties n'en forment plus qu'une.

C'est la promenade de prédilection des mères de famille habitant les quartiers environnants.

Il y a musique militaire l'été, de 5 à 6 heures du soir, les dimanche, mardi et jeudi.

De très belles et nombreuses statues en bronze, marbre et pierre, en font l'ornement principal.

Le Luxembourg. — Ce jardin est encore le plus beau de Paris, quoiqu'il ait été considérablement diminué dans les dernières années du second empire, pour obéir aux exigences de l'accroissement de la population. Un beau quartier neuf remplace l'ancienne pépinière, qui fut jadis la promenade de prédilection des étudiants.

On y remarque la belle architecture du Palais de Jacques Desbrosses (XVIIᵉ siècle).

La Fontaine de Médicis, du même : des statues historiques et allégoriques en très grand nombre.

La fontaine de Carpeaux et Frémiet.

Un bassin de l'époque du Palais et de belles plantations. C'est au Luxembourg que se trouve le Musée de peinture et de sculpture des artistes vivants.

Le Jardin et le Musée sont publics.

Il y a musique militaire l'été de 5 à 6 heures, les dimanche, mardi et vendredi.

Trocadéro. — Ce Jardin, que domine le Palais du même nom, est de création récente et ne remonte qu'à dix ans. Ils formaient l'un et l'autre une vaste annexe de l'Exposition de 1878, destination qu'ils vont reprendre pour celle de 1889. Ils occupent l'ancien emplacement du parc du Trocadéro, planté en quinconces, qui tenait son nom de la victoire du duc d'Angoulême en 1823 (Campagne d'Espagne).

Ce Jardin est une très belle promenade, du haut de laquelle on domine le cours de la Seine et tous les quartiers de la rive gauche. Il renferme un aquarium des plus curieux, dans lequel on élève toutes les espèces de poissons d'eau douce, servant au repeuplement de la Seine.

Le Jardin du Palais-Royal. — Au centre du Palais est aussi un beau jardin très fréquenté ; il est entouré de galeries sous lesquelles se trouvent les plus riches magasins. Une musique militaire s'y fait entendre en été, de 5 heures à 6 heures du soir, les dimanche, mercredi et vendredi.

Champs-Élysées. — Cette Promenade, située entre la place de la Concorde et celle de l'Étoile, n'est pas à proprement parler un jardin, mais bien une longue suite de jardins ombreux ou coquets, un Eldorado où, par une belle après-midi de printemps, tout ce qui peut enchanter la vue est réuni. Jardins anglais verdoyants, belles plantations, massifs variés et odorants, exhibitions des plus belles toilettes, défilé de brillants équipages et des plus jolies femmes de Paris.

Le soir le spectacle change ; c'est le même décor, mais inondé de lumières sur les points principaux et égayé par de nombreux concerts.

On y trouve trois panoramas et un cirque, (le cirque d'été).

SQUARES

Le Square est d'importation anglaise, mais avec une grande différence comme destination ; il est dans les quartiers populeux la joie des mères et la santé des enfants, et fait le plus grand honneur, comme les autres plantations, à M. Alphand, ingénieur des Travaux et Embellissements de Paris depuis 35 ans.

Les principaux sont les suivants :

De la Tour Saint-Jacques-la-Boucherie, où est la tour du même nom.

De la Trinité, devant l'église de ce nom.

De Montholon, Rue Lafayette.

De Monge, Rue des Écoles.

De Passy, à Passy.

De Parmentier, près l'avenue de ce nom.

Des Innocents, Place de ce nom et Rue Saint-Denis.

C'est au milieu de ce Square que se trouve la remarquable Fontaine des Innocents.

De Delaborde, près l'église Saint-Augustin.

Des Batignolles, Rue des Batignolles.

Du Temple, Rue du Temple, au milieu duquel est une très belle statue de Béranger, le chansonnier populaire.

De Vintimille, où est la statue de Berlioz.

D'Anvers, près le collège Rollin, où sont les statues de Diderot et de Sedaine.

Louvois, rue Richelieu, où se trouve la fontaine de ce nom.

MONUMENTS DIVERS

Les principaux sont les suivants :

L'ARC DE TRIOMPHE DE L'ÉTOILE. — Place de l'Étoile.
L'ARC DE TRIOMPHE DU CARROUSEL. — Place du Carrousel.
LA PORTE SAINT-DENIS. — Boulevard Saint-Denis.
LA PORTE SAINT-MARTIN. — Boulevard Saint-Martin.
LA TOUR SAINT-JACQUES. — Square Saint-Jacques.
LA COLONNE VENDÔME. — Place Vendôme.
LA COLONNE de JUILLET. — Place de la Bastille.
L'OBÉLISQUE de LOUCSOR. — Place de la Concorde.
LA STATUE de la RÉPUBLIQUE. — Place de la République.
LE GROUPE de la DÉFENSE. — Place Clichy.
LA STATUE de NEY. — Carrefour de l'Observatoire.
LE LION de BELFORT. — Place Denfert-Rochereau.
LO MONUMENT de GAMBETTA. — Place du Carrousel.
LA STATUE équestre de HENRI IV. — Sur le Pont-Neuf.
   LA STATUE équestre de LOUIS XIV. — Place des Victoires.
   LA STATUE équestre de LOUIS XIII. — Place des Vosges.
   LA STATUE de VOLTAIRE (debout). — Quai Conti.
   LA STATUE de la RÉPUBLIQUE. — Quai Conti.
   LA STATUE de DIDEROT. — Place Saint-Germain-des-Prés.
   LA STATUE de BERNARD PALISSY. — Square de St-Germain-des-Prés.
   LA STATUE de LOUIS BLANC. — Place Monge.
   LA STATUE de CLAUDE BERNARD. — Rue des Écoles.
   LA STATUE de BROCA. — Boulevard Saint-Germain.
   LA STATUE de BICHAT. — École de Médecine.
   LA STATUE d'ALEXANDRE DUMAS père. — Place Malesherbes.
   LA STATUE équestre de JEANNE d'ARC. — Place de Rivoli.
   LA STATUE de BÉRANGER. — Square du Temple.
   LES STATUES de SAINT-LOUIS et PHILIPPE-AUGUSTE. — Place de la Nation.
   LA STATUE de BERLIOZ. — Square Vintimille.
   LA STATUE de LEDRU-ROLLIN. — Place Voltaire.
   LA STATUE équestre de CHARLEMAGNE. — Place du Parvis.
   LA STATUE équestre d'ETIENNE MARCEL, à l'Hôtel de Ville.
   LA STATUE du Sergent BOBILLOT, boulevard Voltaire.
   LA STATUE d'ETIENNE DOLET, place Maubert.
   LA STATUE de SHAKESPEARE, boulevard Haussmann.

Palais, Bibliothèques, Musées, Monuments, etc.

AVEC LES JOURS & HEURES D'ENTRÉE

Bibliothèque de l'École des Beaux-Arts. — Les personnes étrangères à l'École sont admises à travailler à la Bibliothèque sans permission spéciale.

Bibliothèque de l'Université, à la Sorbonne. — Ouverte de dix heures à trois heures.

Bibliothèque Historique de la Ville de Paris, à l'hôtel Carnavalet. — Les salles du rez-de-chaussée sont ouvertes au public les dimanche, mardi et jeudi de chaque semaine, de onze heures à quatre heures.

Bibliothèque de la Chambre de Commerce, 21, rue Notre-Dame-des-Victoires. — Ouverte de onze heures du matin à cinq heures du soir. — Du 5 novembre au 30 avril, est de plus ouverte de sept heures et demie à dix heures du soir.

Bibliothèque Nationale — Les galeries du département des estampes, du cabinet des médailles et des archives, ne sont plus visibles pour le public non muni de cartes. — Toutes les parties de la Bibliothèque restent visibles pour le public dans le cas où on aura fait au préalable une demande à l'administration.

Bibliothèque de l'Arsenal, rue de Sully.

Bibliothèque Mazarine, au palais Mazarin. — Institut de France.

Bibliothèque Sainte-Geneviève, place du Panthéon. — Ouverte tous les jours, sauf du 1er septembre au 15 octobre.

Bibliothèque et Musée de l'Opéra, à l'Opéra. — Les demandes de cartes doivent être adressées à l'archiviste de l'Opéra.

Colonnes Vendôme place Vendôme; de **Juillet,** place de la Bastille. — Moyennant une rétribution au gardion. on peut monter sur la galerie supérieure de cette dernière colonne.

Conservatoire des Arts et Métiers, 292, rue Saint-Martin. — Ouvert au public les dimanches et jeudis, de dix à quatre heures, aux étrangers munis de passeports et aux personnes qui ont des cartes; les mardis, vendredis et samedis, de dix heures à trois heures, moyennant une rétribution de 1 fr. au concierge.

Gobelins (Manufacture des), avenue des Gobelins. — On peut visiter cet établissement le mercredi et le samedi, de une heure à trois heures.

Saint-Jacques-la-Boucherie (la Tour), entre la rue Saint-Martin et le boulevard Sébastopol. — On peut monter sur la plate-forme en payant au garde 10 cent. par personne.

Mobilier National. — Les salles d'exposition du Mobilier national, quai d'Orsay, sont ouvertes de dix heures à quatre heures : 1° aux personnes munies de cartes délivrées par M. le Ministre des Travaux publics, les mardis, mercredis, vendredis et samedis; 2° au public les dimanches et jeudis. — Cette exposition a pour objet de laisser passer successivement sous les yeux du public les séries de tapisseries et les meubles précieux qui appartiennent au Mobilier National.

Monnaies (Hôtel des), 11, quai Conti. — Musée des monnaies et des médailles. — Pour visiter les ateliers (les mercredis et vendredis de midi à trois heures), il faut un permis du directeur.

Musée de Peinture, des Dessins, Gravures, Sculptures antiques et modernes de la Marine. — Ces divers Musées, réunis au palais du Louvre, sont ouverts au public tous les jours, le lundi excepté, de neuf heures à cinq heures. Le dimanche, de dix heures à quatre heures.

Musée du Luxembourg, 21, rue de Vaugirard.

Musée de Cluny, 14, rue du Sommerard. — Entrée libre les dimanches et jours de fêtes, de onze heures à quatre heures et demie. — Tous les jours de la semaine, les lundis exceptés, les galeries sont ouvertes aux personnes munies de billets d'entrée, ainsi qu'aux étrangers sur la présentation de leurs passeports.

Musée d'Artillerie aux Invalides. — Ouvert les dimanches, mardis et jeudis, de midi à quatre heures.

Muséum d'Histoire Naturelle — Le jardin est ouvert tous les jours au public, et toute la journée. — La Ménagerie est ouverte au public à onze heures du matin jusqu'à la nuit en hiver, et de onze heures à cinq heures en été. — Les Serres et les galeries d'Anatomie comparée, de Zoologie, Botanique, Géologie et Minéralogie sont publiques sans cartes, tous les jours, les dimanches et fêtes exceptés, de une heure à quatre heures.

Tombeau de l'Empereur, à l'Hôtel des Invalides. — Le public est admis à le visiter les lundis, mardis, jeudis et vendredis, de midi à trois heures. Les étrangers sont admis tous les jours, sur la présentation de leurs passeports. L'entrée est sur la place de Vauban.

Catacombes, Égouts. — Pour visiter les catacombes et les égouts, il suffit d'adresser une demande à M. le Préfet de la Seine : une descente a lieu environ tous les mois. — Les descentes dans les égouts n'ont pas lieu pendant l'hiver.

Musée des Médailles et Antiques, rue de Richelieu, 53. — Ouvert le mardi, de dix heures et demie à cinq heures.

Musée Instrumental du Conservatoire de Musique. — Le jeudi, de midi à quatre heures.

Musée des Arts décoratifs, au Palais de l'Industrie. — Ouvert tous les jours. — Prix d'entrée : 1 fr.; le dimanche 50 cent. L'entrée du Musée, au Palais de l'Industrie, est par la porte 7, vis à-vis la place de la Concorde.

Musée Algérien, au Palais de l'Industrie. — Tous les jours, de midi à cinq heures, excepté les lundis et vendredis. — Le jour d'une fête légale, le Musée n'est pas ouvert.

Académie d'Aérostation Météréologique, 29, rue de la Chapelle. — Le Musée historique et technique est visible gratuitement tous les dimanches, de deux à cinq heures.

Manufacture des Tabacs, quai d'Orsay. 63. — Les jeudis, de 10 heures à midi et de 1 heure à 4 heures. Tous les jours aux mêmes heures, sur la présentation de passeport.

Imprimerie Nationale, rue Vieille-du-Temple, 89. — Ouverte tous les jeudis, à 2 heures. Tous les jours à 2 heures, avec permis du Directeur.

L'imprimerie nationale occupe plus de mille ouvriers. Elle possède une collection unique de types orientaux.

Manufacture de Porcelaine de Sèvres. — Le public est admis à visiter tous les jours les magasins de la Manufacture. L'entrée du Musée Céramique est permise le mardi et le vendredi. On ne peut pénétrer dans les ateliers qu'avec l'autorisation du Directeur.

Archives Nationales, rue des Francs-Bourgeois, 62.

Sainte-Chapelle (La), boulevard du Palais-de-Justice.

Trésor de Notre-Dame et **Église** de ce nom. — Ces monuments sont ouverts tous les jours de 10 heures à 4 heures.

Jardin Zoologique d'Acclimatation, au bois de Boulogne, près la porte Maillot. — Ouvert tous les jours. Prix d'entrée, 1 fr., et le dimanche 50 centimes. 3 fr. pour une voiture et sa livrée.

Institution des Sourds et Muets, rue St-Jacques, 256. — Le samedi de 2 à 5 heures, avec un billet du Directeur.

THÉATRES & CONCERTS

OPÉRA. — Place de l'Opéra.
FRANÇAIS. — Rue Richelieu, 2, 4 et 6.
OPÉRA-COMIQUE. — Place du Châtelet.
ODÉON. — Place de l'Odéon.
GYMNASE. — Boulevard Bonne-Nouvelle, 38.
CHATELET. — Place du Châtelet.
VAUDEVILLE. — Rue de la Chaussée-d'Antin, 1.
VARIÉTÉS. — Boulevard Montmartre, 7.
PORTE-SAINT-MARTIN. — Boulevard Saint-Martin.
GAITÉ. — Square des Arts-et-Métiers.
NOUVEAUTÉS. — Boulevard des Italiens, 28.
FOLIES-DRAMATIQUES. — Rue de Bondy, 40.
CHATEAU-D'EAU. — Rue de Malte.
CLUNY. — Boulevard Saint-Germain, 71.
BOUFFES-PARISIENS. — Passage Choiseuil et rue
Monsigny.
PALAIS-ROYAL. — Palais-Royal, péristyle Joinville.
DÉJAZET. — Boulevard du Temple.
RENAISSANCE. — Boulevard Saint-Martin.
MENUS-PLAISIRS. — Boulevard de Strasbourg.
BEAUMARCHAIS. — Boulevard Beaumarchais.
ROBERT-HOUDIN. — Boulevard des Italiens, 8.
CIRQUE D'HIVER. — Boulevard des Filles-du-Calvaire.
CIRQUE D'ÉTÉ. — Champs-Élysées.

CIRQUE FERNANDO. — 63, Boulevard Rochechouard.

HIPPODROME. — Place de l'Alma.

NOUVEAU CIRQUE. — Rue Saint-Honoré.

FOLIES-BERGÈRE. — 32, Rue Richer.

ELDORADO. — Boulevard de Strasbourg.

ALCAZAR D'HIVER. — 10, Faubourg Poissonnière.

ALCAZAR D'ÉTÉ. — Champs-Élysées.

AMBASSADEURS. — Champs-Élysées.

L'HORLOGE. — Champs-Élysées.

JARDIN DE PARIS. — Champs-Élysées.

CONCERTS DU CHATELET.

CONCERTS DU CIRQUE D'HIVER.

CONCERTS DU CHATEAU-D'EAU.

ÉDEN-THÉATRE. — Rue Boudreau.

LA SCALA. — Boulevard de Strasbourg.

CONCERT PARISIEN. — Rue du Faubourg-St-Denis.

ÉDEN-CONCERT. — Boulevard Sébastapol.

BAL BULLIER. — Carrefour de l'Observatoire.

BAL DE L'ÉLYSÉE-MONTMARTRE. — Boulevard Roche-
chouart.

MUSÉE GREVIN. — 10, Boulevard Montmartre.

DIORAMA des Champs-Élysées.

PANORAMA MARIGNY. — Champs-Élysées.

PANORAMA NATIONAL. — 5, Rue de Berry.

PANORAMA DE LA BASTILLE. — Pont d'Austerlitz.

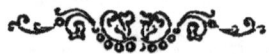

BULLETIN OFFICIEL

DE

L'EXPOSITION UNIVERSELLE

de **1889**

*Publication autorisée par décision de M. le Ministre
du Commerce Commissaire général.*

Le BULLETIN OFFICIEL de l'Exposition publie toutes les décisions et renseignements touchant l'Exposition de 1889.

Il donne les comptes-rendus des séances des Commissions et Comités.

Il est indispensable à tous les Exposants et à toutes les personnes qui s'intéressent à l'Exposition.

Il contient de nombreuses imitations.

Sa collection constitue un recueil très complet.

Son prix est de 33 francs au 1er janvier.

ABONNEMENTS

Un An.... **12** fr. — Six mois.... **7** fr.
Prix du Numéro... **0,30**

BUREAUX AU CHAMP-DE-MARS

16, Avenue de la Bourdonnais, 16

DESSINS DE MACHINES

COLORIÉS & LAVÉS A EFFET

Pour la Reproduction par coupes et détails des Machines et Appareils exposés

Nous prions MM. les Exposants qui voudraient avoir des tableaux *illustrés* de leurs produits, pour en faciliter la démonstration, de nous adresser, dans le plus bref délai, leurs commandes et dessins.

Un dessinateur, chargé de lever le croquis des machines, leur sera envoyé immédiatement.

Nous fournirons ces dessins, collés sur carton, vernis et prêts à poser. Les prix varieront suivant l'importance du travail et seront fixés de gré à gré.

Préparation des Dessins & Mémoires descriptifs

POUR LA PRISE DES BREVETS D'INVENTION

ATELIER DE DESSIN INDUSTRIEL

ÉTUDE & CONSTRUCTION DE MACHINES

ORGANISATION DES GROUPES

et Représentation des Industriels

A L'EXPOSITION UNIVERSELLE DE 1889

S'adresser à M. ÉMILE SAINT-PIERRE, ingénieur, 7, rue Dejean, Paris-Montmartre.

PARIS

MAISON MEUBLÉE

à céder de suite pour cause de départ

Près le Jardin des Tuileries et la rue de Rivoli

60 Pièces

EN APPARTEMENTS POUR FAMILLES
et Chambres Séparées

Loyer 13,000 fr. — Bail 11 ans — Tenue 26 ans

CLIENTÈLE ARISTOCRATIQUE
avec 30,000 fr. et facilités

NOTA. On peut établir un Restaurant dans une Boutique dépendant de la Maison

S'adresser à M. GOMBAULT, 13, rue Vivienne.

L'ILLUSTRATION

Le Premier des Journaux Illustrés

FRANÇAIS

BUREAUX : 13, Rue Saint-Georges

Paris

L'ILLUSTRATION est trop connue pour qu'il soit nécessaire d'en faire l'éloge ; c'est le plus ancien, le plus grand et le plus complet des Journaux Illustrés Français ; ses nombreux suppléments et les livraisons extraordinaires qui paraissent notamment à l'occasion du *Salon* et de la *Nouvelle Année*, sont envoyés à tous les abonnés sans exception, et représentent, à eux seuls, bien au-delà du prix d'Abonnement.

L'ILLUSTRATION n'est pas seulement un journal d'Art et d'Actualité, c'est encore une publication littéraire de premier ordre. Il suffit, pour s'en convaincre, de parcourir la liste des romans dont elle a eu la primeur dans ces dernières années et dont voici les principaux :

Numa Roumestan	Alphonse DAUDET
Zyte	Hector MALOT
La Comtesse Sarah	Georges OHNET
La Grande Marnière	do
Volonté	do
Le docteur Rameau	do
La Bête Noire	André THEURIET.

C'est également L'ILLUSTRATION qui a eu la primeur de *l'Immortel* d'Alphonse DAUDET. Les admirables dessins dont l'*Immortel* était accompagné ont fait sensation et resteront le chef d'œuvre du peintre E. BAYARD.

L'ILLUSTRATION fera paraître, dans quelques mois, des œuvres inédites de MM. Guy de MAUPASSANT et Marcel PRÉVOST,

Elle publie en ce moment

BOUCHE CLOSE

Grand roman nouveau par M. L. de TINSEAU.

TARIF DES ABONNEMENTS POUR LA FRANCE

Un an 36 fr. — Six mois 18 fr. — Trois mois 9 fr.

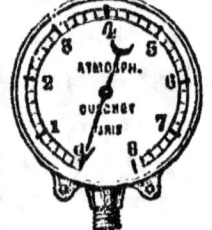 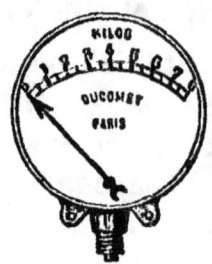

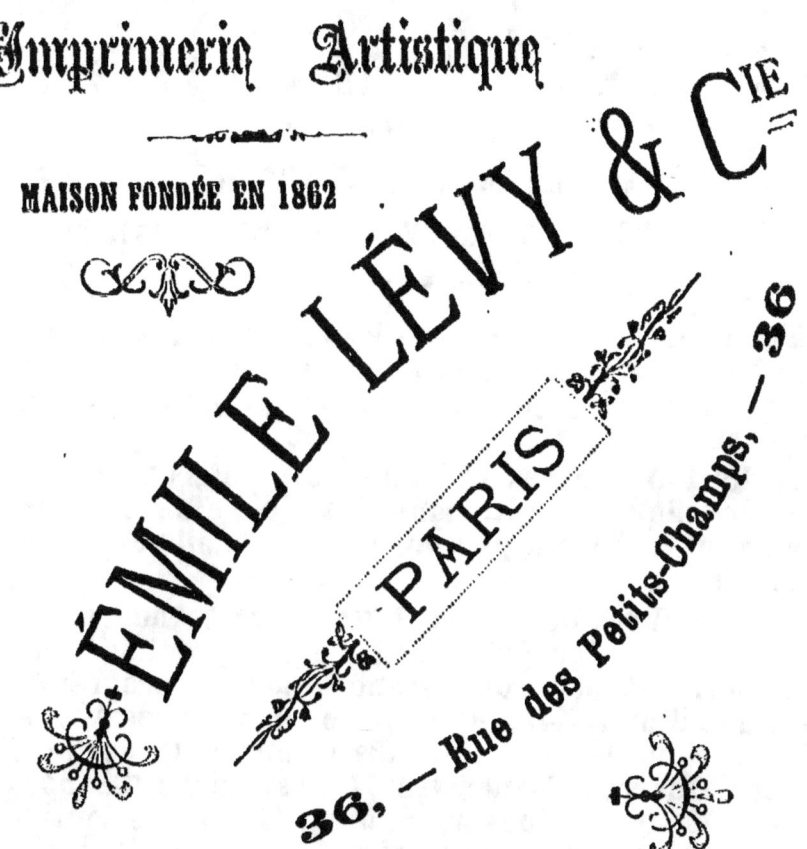

Imprimerie Artistique

MAISON FONDÉE EN 1862

ÉMILE LÉVY & Cie

PARIS

36, — Rue des Petits-Champs, — 36

ATELIERS SPÉCIAUX DE DESSINS

AFFICHES ILLUSTRÉES

TRAVAUX D'ART

LITHOGRAPHIE. — TYPOGRAPHIE. — GRAVURE

Brochures et Journaux

LE MONDE ILLUSTRÉ

JOURNAL HEBDOMADAIRE

Directeur : **M. Édouard HUBERT**

BUREAUX : *13, Quai Voltaire, 13.* — PARIS

Fondé en 1857, le *Monde Illustré* a conquis promptement la faveur du public et se place aujourd'hui au premier rang parmi les journaux Artistiques et Littéraires de l'Europe.

Il doit son succès au talent de ses Écrivains dont les Chroniques, les Romans, les Nouvelles toujours honnêtes, sont marqués au coin du meilleur esprit français.

Les Gravures du *Monde Illustré*, grâce au renouvellement continuel des Artistes qui y collaborent, ont contribué pour une grande part au progrès de l'art de l'illustration. Elles ont pour objet les Actualités de tous les pays, Grands évènements de toute nature, Guerres, Manœuvres, Catastrophes, Grandes Fêtes, Démonstrations populaires, Missions scientifiques, Personnalités qui surgissent ou qui disparaissent, Salons de peinture, Théâtres, Livres illustrés, etc.

Enfin l'Exposition Universelle, dont le *Monde Illustré* a déjà publié de belles vues d'ensemble, sera traitée en 1889 dans tous ses détails de la façon la plus complète.

Des Suppléments en couleur et autres s'ajoutent souvent au numéro ordinaire du Journal sans augmentation de prix.

Abonnement d'un An ; **24** *fr.*

Six mois : **13** *fr.* — *Trois mois :* **7** *fr.*

Le Numéro : **0** *fr.* **50** *c.*

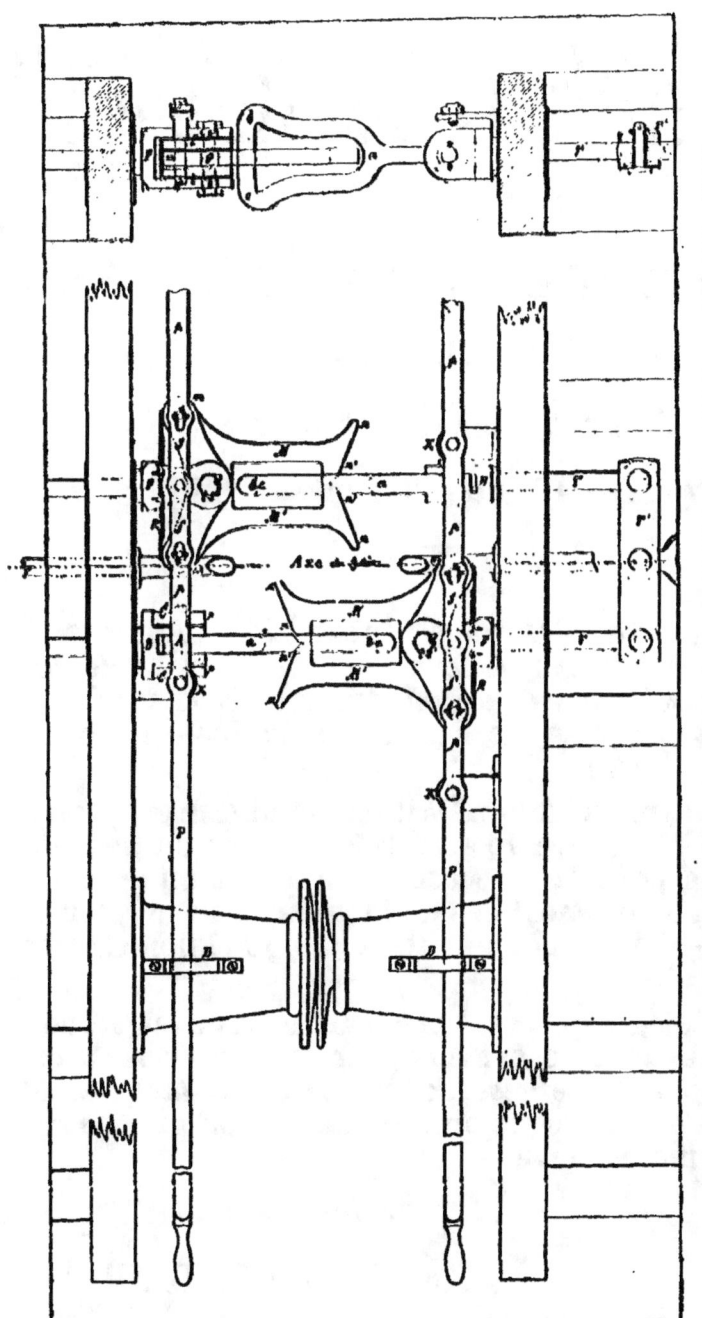

ATTELAGE AUTOMATIQUE POUR WAGONS DE CHEMINS DE FER
Système ROULLIÉ et SINGIER

Attelage Automatique

DES

WAGONS DE CHEMINS DE FER

ET DES WAGONNETS DES MINES

Système ROULLIÉ & SINGIER (breveté s. g. d. g.)

PARIS — 13, Rue Vivienne — PARIS

Au moyen de l'Attelage automatique ROULLIÉ et SINGIER, *les wagons s'accrochant seuls et se décrochant de l'extérieur de la voie*, les nombreux accidents dont sont victimes les hommes d'équipe sont complètement évités.

En cas de mobilisation l'Attelage ROULLIÉ et SINGIER est destiné à rendre de grands services : un train de 50 wagons peut être accroché en une minute, et le décrochage peut se faire de la vigie, sans arrêter le train, fût-il lancé à une vitesse de 100 kilomètres à l'heure.

Cet Attelage qui se pose sur le crochet actuel, s'accroche avec le système partout en usage *sans interrompre le service du matériel roulant ;* étant double, il est beaucoup plus solide, et son prix de revient est moins élevé.

Le Directeur,

E. GOMBAULT.

LA SALAMANDRE

Cheminée roulante à feu Visible et continu
Se charge toutes les 24 heures
Se place devant toutes les Cheminées et dépense 30 centimes

BREVETÉE EN FRANCE

BREVETÉE A L'ÉTRANGER

EXPOSITIONS DE PARIS, D'HYGIÈNE ET DE SAUVETAGE
1 Médaille d'Or. — 3 Médailles de Vermeil,
2 Médailles d'Argent

EXPOSITIONS DE PARIS, D'HYGIÈNE ET DE SAUVETAGE
1 Médaille d'Or. — 3 Médailles de Vermeil
2 Médailles d'Argent

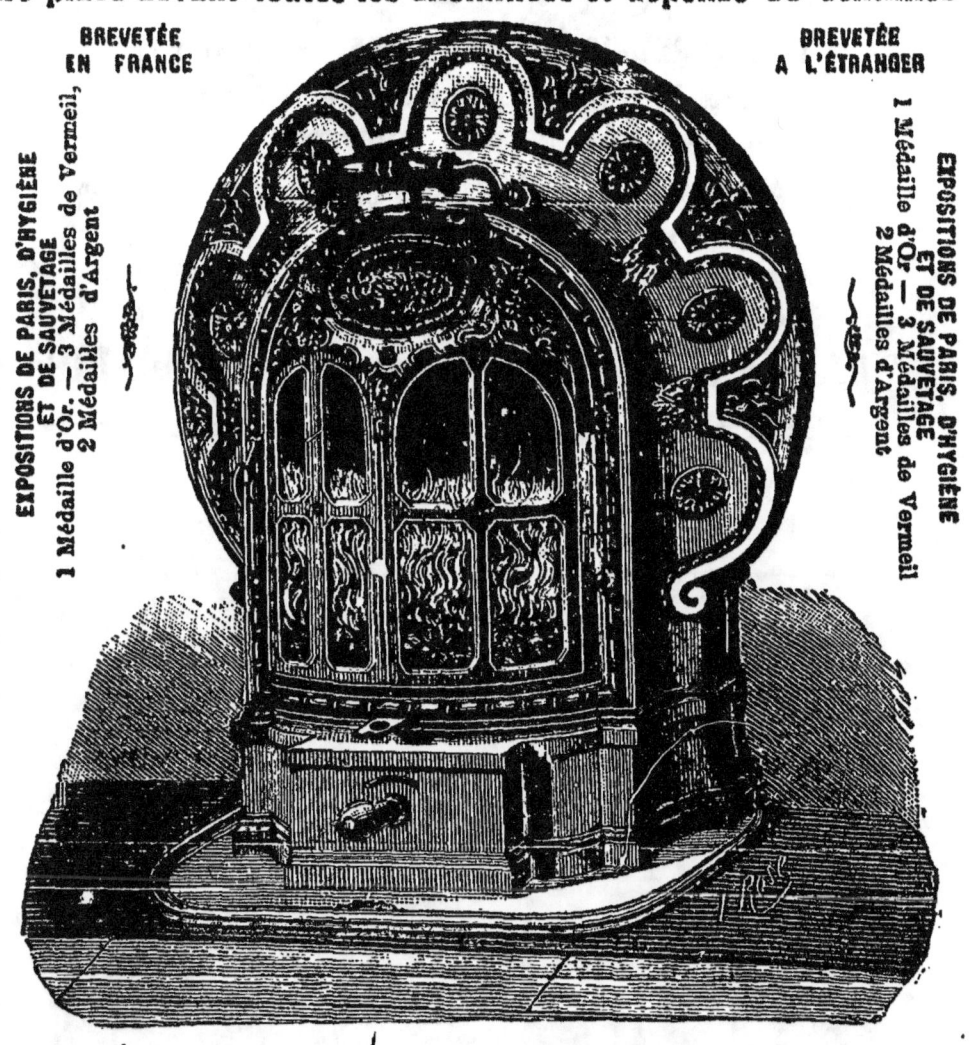

PRIX : 100 Fr.

Revue Continentale

TRIBUNE LIBRE

PHILOSOPHIQUE — ARTISTIQUE — LITTÉRAIRE

Accordant une large part aux jeunes Littérateurs

Directeur : **L. PONTET**

ABONNEMENT : FRANCE 10 FR. — ÉTRANGER 15 FR.

On s'abonne chez les principaux Libraires de France et de l'Étranger, et aux Bureaux de la Revue

PARIS — 2, Rue Dancourt, 2 — PARIS

6..

TABLE DES MATIÈRES

PREMIÈRE PARTIE

LA TOUR EIFFEL

DEUXIÈME PARTIE

EXPOSITION UNIVERSELLE DE 1889

TROISIÈME PARTIE

LA BASTILLE ET LE VIEUX PARIS

QUATRIÈME PARTIE

RENSEIGNEMENTS DIVERS

TABLE DES PORTRAITS, VUES & PLANS

1889

JANVIER ☾ 7h.56 à 4h.12

1	M	● Circonc.
2	M	S. Clair
3	J	Ste Geneviève
4	V	S. Rigobert
5	S	S. Siméon
6	D	✝ Epiphanie
7	L	S. Mélanie
8	M	S. Lucien
9	M	☽ S. Adrien
10	J	S. Agathon
11	V	S. Théodore
12	S	S. Arcadius
13	D	Bapt.de J.-C.
14	L	S. Hilaire r
15	M	S. Maur
16	M	S. Guillaume
17	J	○ S. Antoine
18	V	Ch.deS.Pier.
19	S	S. Sulpice
20	L	S. Sébastien
21	M	Ste Agnès
22	M	S. Vincent
23	J	S. Raymond
24	V	☾ S. Timoth.
25	V	Conv. S.Paul
26	D	S. Polycarpe
27	L	S. J. Chrys.
28	L	S. Charlem.
29	M	S.Fr. de Sale
30	M	● Ste Bathilde
31	J	● Ste Marcel.

FÉVRIER ☾ 7h.32 à 3h.56

1	V	S. Ignace
2	S	☐ Purification
3	D	S. Blaise
4	L	S. Gilbert
5	M	Ste Agathe
6	M	S. Amand
7	J	☽ S. Romual
8	V	S. Jean de M.
9	S	Ste Apoline
10	D	☐ Ste Scholastiq
11	L	S. Séverin
12	M	Ste Eulalie
13	M	S. Grégoire
14	J	S. Valentin
15	V	○ S. Faustin
16	S	Ste Julienne
17	D	☐ Septuagésim
18	L	S. Simon é.
19	M	S. Gabin
20	M	S. Sadoth
21	J	Ste Isabelle
22	V	☾ S. Méraud
23	S	☐ Sexagésime
24	L	S. Taraise
25	L	S. Nestor
26	M	Ste Honorine
27	M	Ste Honorine
28	J	Ste Aveline

l'année russe retarde de 12 jours

MARS ☾ 6h.44 à 5h.42

1	V	● S. Aubin
2	S	S. Simplice
3	D	☐ Quinquag.
4	L	S. Casimir
5	M	Mardi-Gras
6	M	Cendres
7	J	S. Th. d'Aq.
8	V	S. Jean de D.
9	S	☽ Quadragés.
10	D	☐ Ste Franç.
11	L	S. Euloge
12	M	S. Paul é.
13	M	Ste Euphrasie
14	J	Ste Mathilde
15	V	S. Zacharie
16	S	○ S. Cyriaque
17	D	☐ Reminisc.
18	L	S. Alexandre
19	M	Patriseus
20	M	S. Joachim
21	V	S. Benoît
22	S	S. Emile
23	D	☐ S. Victorien
24	L	☾ S. Georges
25	M	☐ Annonciat.
26	M	Oculi
27	J	S. Jean er.
28	V	Mi-Carême
29	S	S. Gontran
30	S	S.J. Climaq.
31	D	● Lætare

AVRIL ☾ 5h.40 à 6h.29

1	L	S. Valery
2	M	S.F. de Paule
3	M	Ste Irène
4	J	S. Platon
5	V	S. Albert
6	S	Ste Prudence
7	D	La Passion
8	L	☽ S. Gautier
9	M	Ste Marie égy.
10	M	S. Macaire
11	J	S. Léon p
12	V	S. Jules
13	S	S. Marcellin
14	D	Rameaux
15	L	○ S. Elme
16	M	S. Paterne
17	M	S. Anicet
18	J	S. Parfait
19	V	S. Timon
20	S	S. Théodore
21	D	PAQUES
22	L	☾ Ste Opport.
23	M	S. Georges
24	M	S. Léger
25	J	S. Marc
26	V	S. Clet
27	S	S. Anastase
28	D	S. Vital
29	L	S. Robert
30	M	● S. Eutrope

MAI ☾ 4h.41 à 7h.13

1	M	S.Ph. S.Jacq.
2	J	S. Athanase
3	V	Inv. Ste Croix
4	S	Ste Monique
5	D	Conv. S.Aug.
6	L	S. Jean P. L.
7	M	S. Stanislas
8	M	☽ S. Désiré
9	J	S. Grégoire
10	V	S. Antonin
11	S	S. Isidore
12	D	S. Boniface
13	L	S. Servais
14	M	S. Pacôme
15	M	○ S. Jean N.
16	J	S. Honoré
17	V	S. Pascal
18	S	S. Eric
19	D	S. Yves
20	L	S. Bernardin
21	M	☾ S. Hospice
22	M	Ste Julia
23	J	S. Didier
24	V	S. Vinc. de L.
25	S	S. Urbain
26	D	S. Phil. de N.
27	L	S. Baguésor
28	M	S. Germain
29	M	● S. Maxime
30	J	ASCENSION
31	V	Ste Pétronille

JUIN 1889 ☾ 4h.34 à 7h.53

1	S	S. Pamphile
2	D	S. Pothin
3	L	Ste Clotilde
4	M	S. Quirin
5	M	S. Claude
6	J	☽ S. Norbert
7	V	S. Lié
8	S	S. Médard
9	D	PENTECÔT.
10	L	S. Landry
11	M	S. Barnabé
12	M	Ste Stéphanie
13	J	○ S. Ant. P.
14	V	S. Basile
15	S	S.J.Fr. Rég.
16	D	Trinité
17	L	S. Avit
18	M	Ste Marine
19	M	☾ S. Gerv. S.P.
20	J	☾ Err F.-D.
21	V	S. Louis de G
22	S	S. Paulin
23	D	Ste Basilide
24	L	S. Jean-Bapt
25	M	S. Prosper
26	M	S. Maxence
27	J	Ste Adéle
28	V	Ste Irénée
29	S	S. Pier. S.P.
30	D	Conv. de S.P.

Deberny à Paris

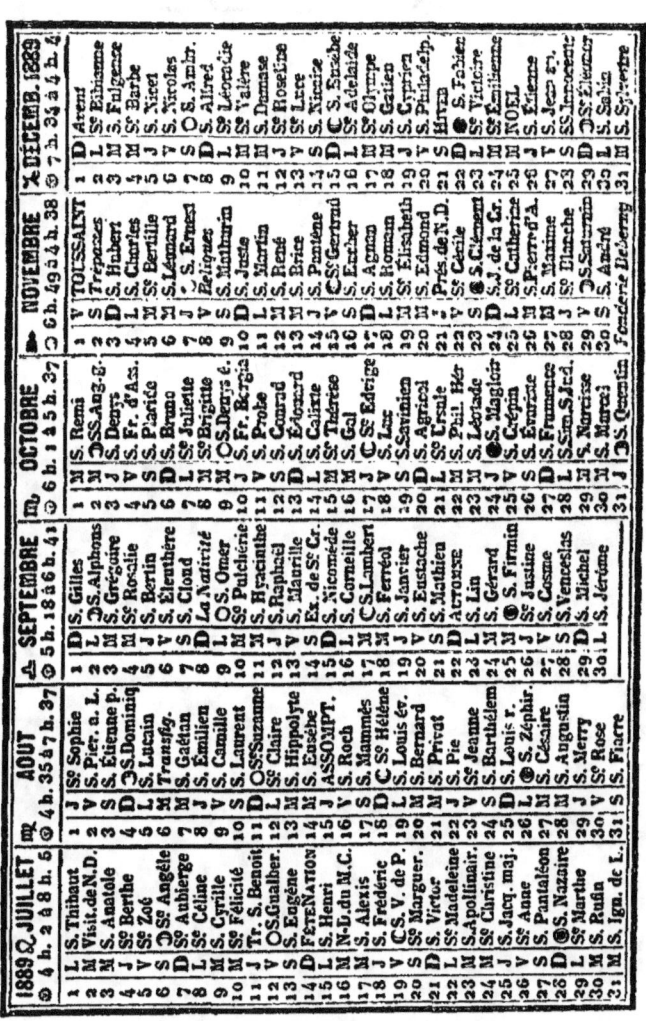

Paris — Imp. Émile Lévy et Cⁱᵉ, 36, rue des Petits-Champs

NOTES

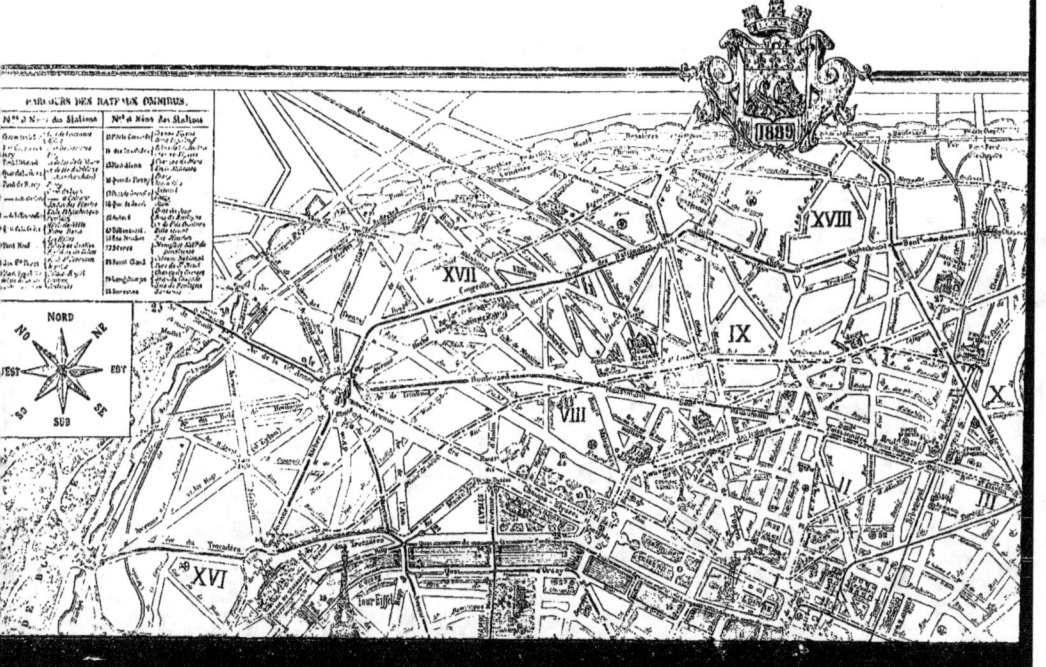

GUIDE VERS L'EXPOSITION

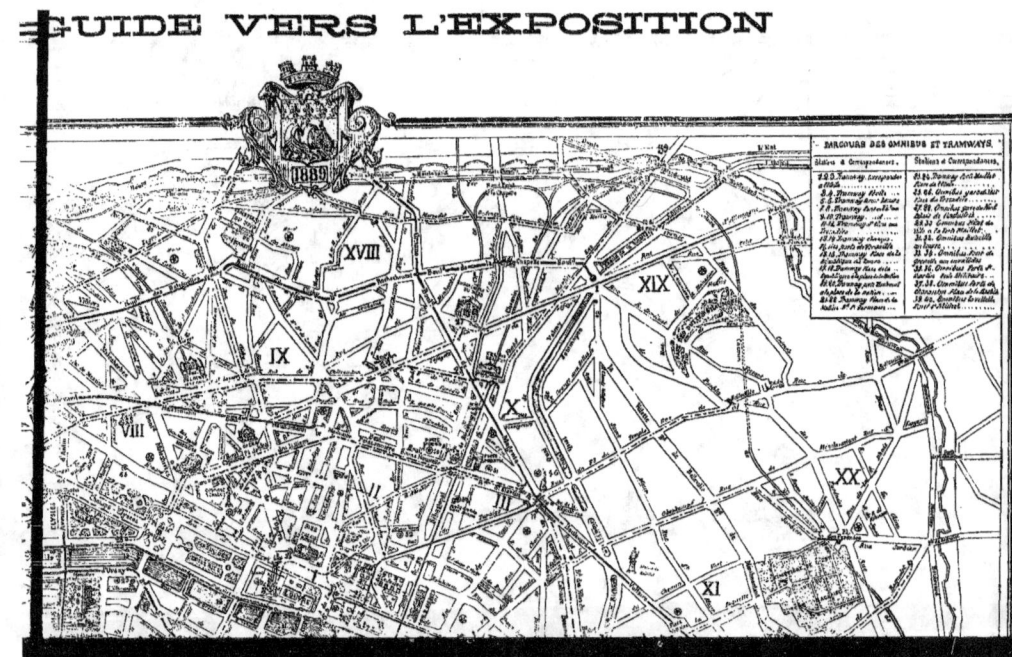

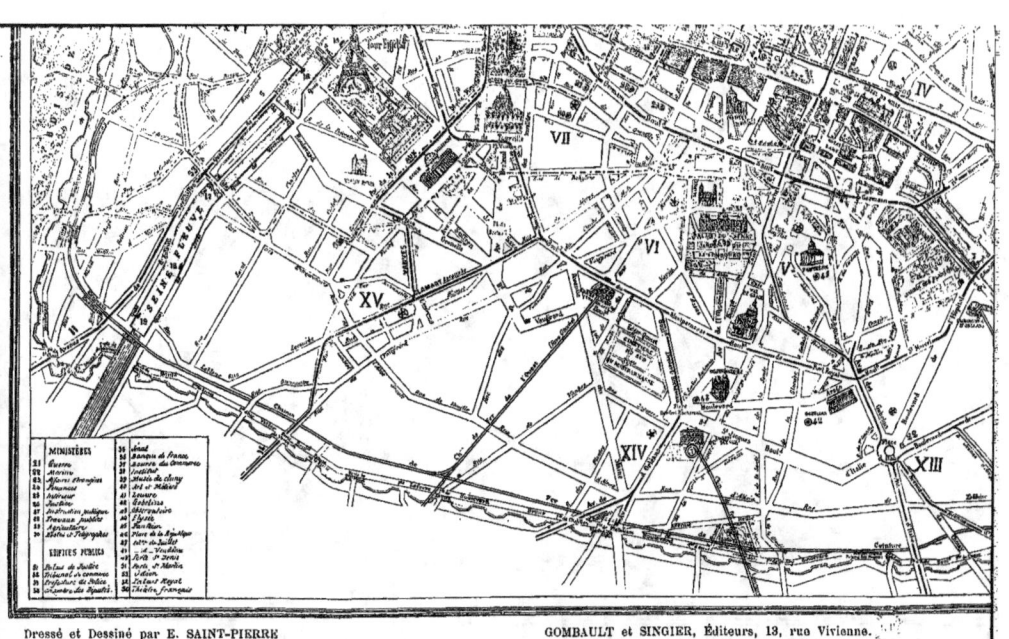

GOMBAULT et SINGIER, Éditeurs, 13, rue Vivienne.

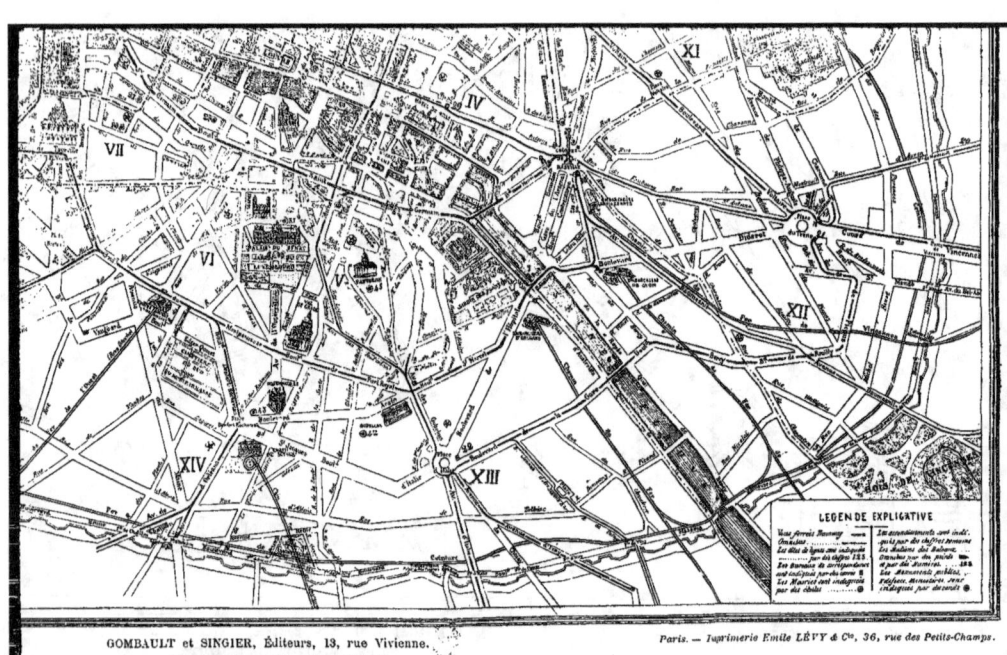

Paris. — Imprimerie Emile LÉVY & Cⁱᵉ, 36, rue des Petits-Champs.

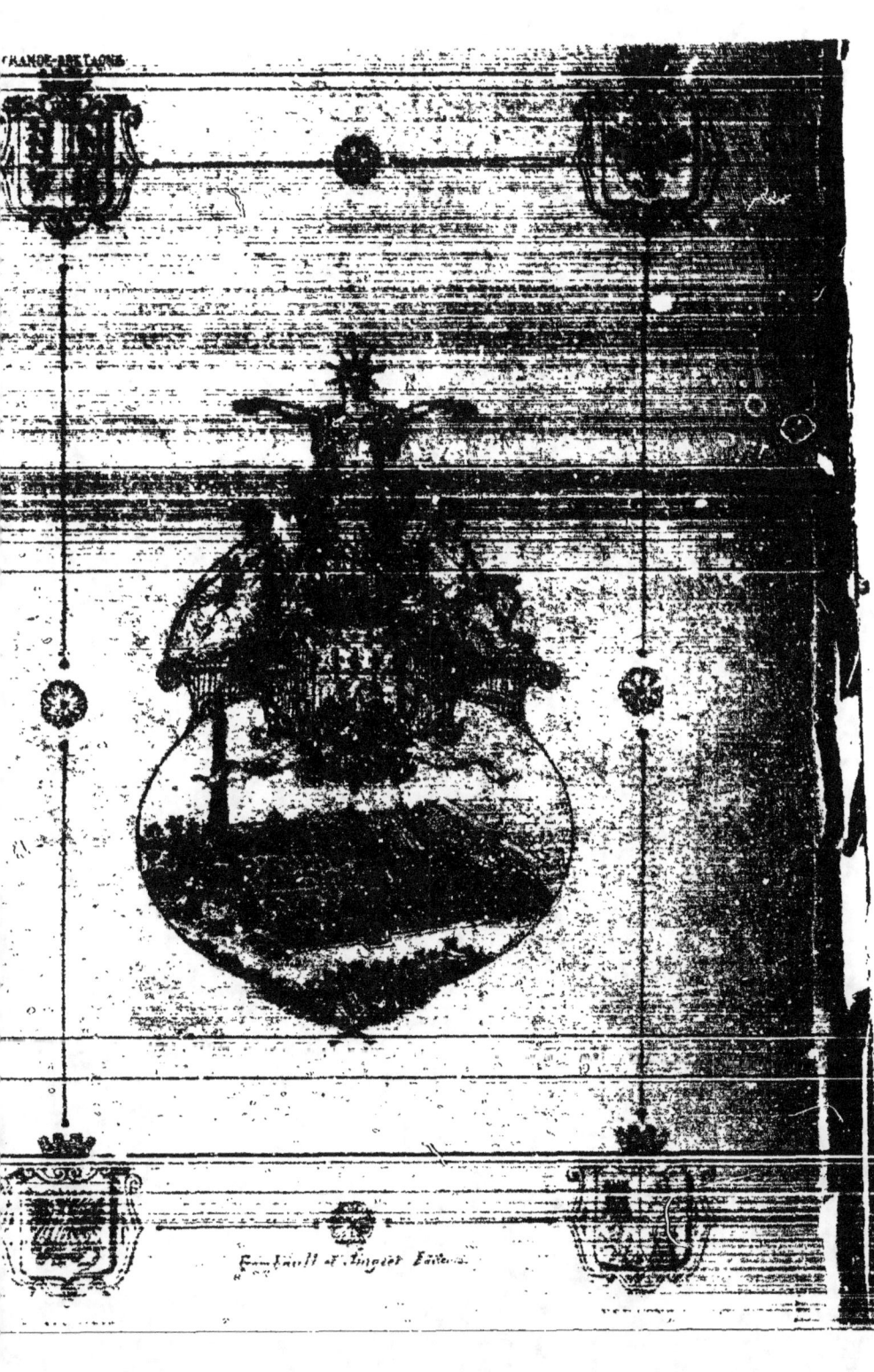

www.ingramcontent.com/pod-product-compliance
Lightning Source LLC
Chambersburg PA
CBHW071530220526
45469CB00003B/710